DE

L'EXPLOITATION DE LA HOUILLE

EN BELGIQUE.

Extrait des Mémoires et Publications
de la Société des Sciences, des Arts et des Lettres
du Hainaut.

DE
L'EXPLOITATION DE LA HOUILLE
EN BELGIQUE.

Description et Comparaison

AU POINT DE VUE ÉCONOMIQUE

des divers modes d'exploitation proprement dite, employés dans les différents centres houillers de la Belgique.

PAR

ÉMILE TONNEAU,

Ingénieur de Charbonnage.

Mémoire couronné par la Société des Sciences, des Arts et des Lettres du Hainaut au concours de 1859-1860.

ORNÉ DE PLANCHES.

LIÉGE.

F. RENARD, Éditeur, rue des Augustins.

PARIS.
E. LACROIX, Libraire-Éditeur,
quai Malaquais, 15.

LEIPZIG.
F.-A. BROCKHAUS, Commissionnaire
pour l'Allemagne.

1860.

MONS. — IMP. DE MASQUILLIER ET LAMIR.

Le terrain houiller, venant du territoire français, entre en Belgique un peu au sud de Quiévrain, et traverse ce pays en formant jusqu'à proximité du village de Samson, entre Andenne et Namur, une bande continue, dont la direction générale peut être considérée comme étant de l'ouest un peu sud, à l'est un peu nord; au point que nous venons d'indiquer, cette bande paraît interrompue et est rejetée au nord pour passer sous la ville de Liége même et se continuer sous le territoire prussien au nord d'Aix-la-Chapelle.

La présence d'une selle de calcaire, qui forme cette interruption, a donné lieu de croire à l'existence de deux immenses bassins qui se prolongent, d'un côté vers la France, et de l'autre vers la Prusse, en formant dans leur ensemble un des plus riches dépôts de houille qui existent sur le continent.

Ces bassins présentent une assez grande épaisseur sur plusieurs points de leur parcours et y donnent lieu à des exploitations nombreuses et importantes formant des groupes distincts.

Me conformant à l'usage de donner, quoiqu'improprement, le nom de *bassins* à ces groupes houillers, je me permettrai d'employer ce terme et de désigner ceux-ci selon leur position géographique, savoir :

1° Le bassin du Couchant de Mons ou du Borinage.

2° Le bassin du Levant de Mons ou du Centre du Hainaut.

5° Le bassin de Charleroy.

4° Le bassin de Liége.

1

Les parties comprises dans ces bassins sont en général exploitées ; mais le peu d'épaisseur du terrain houiller, les dérangements fréquents dans l'allure des couches, empêchent les exploitants d'adopter un système déterminé, et les obligent à suivre les conditions que leur impose la position spéciale, souvent anormale, dans laquelle ils se trouvent.

Je crois donc qu'il est convenable de laisser de côté les modes d'exploitation employés dans ces parties, qui nous entraîneraient à des détails trop longs, et dont nous ne pourrions tirer aucune conséquence dans la comparaison avec les systèmes des grands bassins.

Je me bornerai donc, dans ce travail, à examiner les systèmes d'exploitation employés dans les quatre bassins principaux indiqués plus haut, et pour le faire d'une manière plus complète, j'établirai dans la description qui comprendra la première partie de ce mémoire, comme dans la comparaison qui fera le sujet de la seconde, une division générale selon l'allure des couches, c'est-à-dire que je traiterai séparément, l'exploitation des platteurs proprements dites, l'exploitation des fortes inclinaisons, et enfin, l'exploitation des dressants.

La puissance des veines, leur nature et celle des terrains encaissants devront parfois être prises en considération ; cependant, je ne le ferai que dans le cas, où ces causes exerceraient une influence sensible sur la comparaison des systèmes au point de vue économique.

Dans le cours de ce mémoire, je me servirai, en grande partie, des termes communément employés dans les différents bassins, évitant ainsi des périphrases ou explications qui m'entraîneraient à des détails trop longs et complétement inutiles dans un travail de ce genre ; je me bornerai seulement à souligner ces termes en n'en donnant qu'une explication brève, lorsqu'elle sera tout à fait nécessaire.

PREMIÈRE PARTIE.

Description des Systèmes.

CHAPITRE I.

Bassin du Couchant de Mons ou du Borinage.

En établissant une coupe générale, du Nord au Midi, du bassin du Couchant de Mons, on remarque que la partie septentrionale, est composée de grandes platteurs ayant une inclinaison généralement faible; ces platteurs forment aussi tout le fond du bassin, et se continuent dans la partie méridionale; mais dans cette partie, les platteurs acquièrent, de suite, une plus forte inclinaison et l'allure des veines, y subissant de plus grande variations, donne naissance à une succession de dressants et de platteurs.

§ 1. — Exploitation des platteurs faiblement inclinées.

Dans les platteurs dont l'inclinaison ne dépasse pas 10 à 15 degrés, la tranche à exploiter dont la hauteur varie selon les circonstances et atteint parfois 150 mètres, est généralement attaquée et enlevée de la manière suivante :

Une voie de niveau dite *costresse* part du puits ou de l'extrémité du bouveau par lequel on a atteint la couche. Cette voie est conduite avec une taille de 10 à 12 mètres environ de hauteur, prise suivant l'inclinaison de la veine ; la voie ne se trouve pas au milieu de la taille, mais à 3 ou 4 mètres de la partie inférieure, cette partie de taille placée en dessous de la voie est appelée *parel*.

De cette voie de niveau, partent d'autres voies marchant suivant l'inclinaison de la veine, appelées voies tiernes, et desservant chacune une taille de 12 à 14 mètres de largeur.

La distance qui sépare les tailles, dans le sens de l'inclinaison, est peu importante ; elle est souvent réglée à 5 ou 6 mètres dans le but d'éviter que la pression ne s'établisse trop fortement sur toutes les tailles à la fois ; celles-ci forment donc dans ce cas des espèces de gradins assez rapprochés.

La largeur des tailles dépend souvent de la quantité de terres produites qui doivent servir au *restaplage*, mais cependant on cherche à ne pas dépasser le chiffre de 14 à 16 mètres. La voie de ces *tailles montantes* est placée au milieu même de la taille, cependant lorsque la direction générale des grands joints de clivage n'est pas parallèle à la direction de la veine, cas il est vrai le moins ordinaire, la taille subissant une variation qui lui donne une position un peu inclinée, la voie est alors reportée vers sa partie inférieure.

L'utilité que procurent les cassures naturelles pour le travail d'abattage, réagissant aussi sur la production, en augmentant le rendement de gros charbon, est cause que l'on cherche toujours à les utiliser. La largeur des tailles est répartie entre un certain nombre d'ouvriers, de manière à ce que chacun d'eux occupe une *place* de deux mètres ; cette disposition amène un plus grand avancement journalier, que chaque ouvrier effectue à plusieurs reprises profitant des cassures naturelles.

Quand la tranche ne présente pas une grande hauteur, et c'est le cas le moins ordinaire, les voies *tiernes* sont poussées directement jusqu'à la voie inférieure de l'exploitation précédente. Généralement on n'utilise pas cette voie pour l'aérage de la tranche inférieure ; mais on établit, à 5 ou 6 mètres en dessous, une autre voie appelée *troussage*, qui sert pour le retour d'air ; alors parfois les voies montantes ne sont pas ouvertes sur les 3 ou 4 derniers mètres, bien que la taille soit poussée à la partie supérieure.

Dans les exploitations importantes la tranche principale est partagée en deux ou trois parties, par des voies *costresses intermédiaires*, reliées à l'inférieure au moyen de plans inclinés desservis par un automoteur. La distance qui sépare ces voies de niveau varie de 50 à 70 mètres, hauteur suffisante pour la bonne disposition du trainage qui se fait par hommes sur les voies tiernes.

L'établissement ou *tournage* des voies tiernes amenant toujours un travail supplémentaire, on cherche à en diminuer l'importance en poussant les voies de la partie inférieure 5 ou 6 mètres au-dessus du passage de la costresse supérieure, de cette manière le travail dit *tournage de voie tierne* est fait à peu de frais ; et lorsque la costresse du milieu avance, les tailles étant montées peuvent être immédiatement activées.

L'ouverture de la deuxième costresse a donc lieu, au fur et à mesure que les voies tiernes inférieures arrivent à hauteur. Cette condition est avantageuse puisqu'elle permet de remblayer, en descendant une partie de ces voies, avec les terres provenant du coupage de la costresse, et de diminuer ainsi la partie à remblayer en montant, travail toujours dispendieux.

Le transport s'effectue par chevaux, sur la voie inférieure qui est exhaussée après son établissement ; ce travail est fait de cette manière pour donner plus de solidité à la voie, après que le premier affaissement des terrains s'est produit ; en outre, cet exhaussement ayant lieu à mesure de l'abandon des voies tiernes, fournit des terres pour remblayer celles-ci ; le transport sur les voies de niveau supérieures et sur les voies montantes a lieu par hommes ; les plans inclinés amenant les charbons des parties supérieures, sont avancés vers les fonds de tailles tous les 100 ou 150 mètres, afin de diminuer le transport et l'entretien dans les voies de niveau supérieures ; cet avancement ne nécessite pas grand travail ni grande dépense, parce que l'on a soin de disposer d'avance, à la distance nécessaire, une voie tierne suivant la largeur convenable à l'établissement d'un plan incliné ; le parcours assigné à chaque cheval est d'environ 200 mètres, de sorte que l'emploi des hommes pour le transport sur la voie de niveau inférieure est remplacé par celui des chevaux, après un double avancement des plans inclinés.

La figure I indique la disposition des travaux que je viens de décrire.

A. Voie de niveau inférieure dont la taille est B.

C. Voie de niveau intermédiaire.

D. Voie de retour d'air ou *troussage*.

E. Plans inclinés desservant la partie supérieure.

L. Voie tierne dont les tailles sont en I.

O. Petite galerie de communication entre les tailles dites *ruellettes*, laissées entre la veine et les remblais pour le passage du courant d'air.

Comme on le voit par la disposition des flèches, ce courant arrivant par la voie inférieure, est obligé de suivre le front des tailles en passant par ces ruellettes ; chaque voie tierne étant munie d'une porte P, ainsi que la costresse supérieure. La disposition des tailles établit naturellement ce courant ascensionnel, mais dans quelques exploitations du Flénu, il arrive parfois que le courant d'air est obligé de descendre, pour revenir au puits d'aérage, en suivant une des premières voies prise au début de l'exploitation, et qu'on entretient convenablement ; cette disposition est prise dans le but d'éviter le creusement d'un bouveau, mettant en communication, le troussage et le puits d'aérage ; mais elle serait très défavorable et même impossible, dans le cas d'un dégagement de gaz inflammable ; elle exerce même toujours une mauvaise influence sur le développement qu'on peut donner aux travaux, dans le cas même où ce dégagement n'a pas lieu.

§ 2. — Exploitation des platteurs fortement inclinées.

Ce mode d'exploitation des platteurs dont l'inclinaison est de 20 à 40 degrés, n'offre pas de différence prononcée avec celui que je viens de décrire. Dans plusieurs charbonnages, surtout lorsque la nature des terrains encaissants et la puissance de la veine sont favorables, on continue l'emploi des voies tiernes ; la position des tailles reste la même que dans le cas précédent, seulement les voies reçoivent une plus grande section, puisqu'elles doivent servir de plans inclinés à double chemin de fer ; elles sont munies, à leur partie supérieure, d'une poulie réglée par un frein, sur laquelle s'enroule la corde qui sert à descendre le wagon plein et à remonter le wagon vide ; on donne à cet appareil le plus de simplicité possible, afin d'effectuer facilement son déplacement, presque chaque jour, selon l'avancement de la taille, de manière à amener les chariots au point le plus rapproché du lieu de chargement. Vu le peu de différence que présente ce système avec celui décrit au § 1er, je ne crois pas nécessaire d'en indiquer la disposition par un plan spécial.

Dans d'autres cas se présentant plus souvent, les voies tiernes sont remplacées par des voies appelées *demi-tiernes* ou *sur quartier*, c'est-à-dire, que leur direction est oblique à la ligne d'inclinaison de la veine ; on cherche à donner à ces voies une direction telle, que le transport par hommes, puisse encore s'y effectuer ; dans l'emploi de ce système, la division du massif à enlever est faite de manière à ne pas donner beaucoup plus de parcours à ces voies *demi-tiernes*, que dans le cas de voies *franc-tiernes ;* la distance entre la *costresse inférieure* et la *costresse du milieu*, est donc diminuée, et nécessite parfois l'établissement d'une costresse intermédiaire de plus.

Quant aux tailles, on leur conserve toujours la même largeur, en tenant compte toutefois des conditions exceptionnelles qui peuvent la faire varier ; à cause de l'inclinaison acquise par la taille, la voie est reportée à sa partie inférieure. Dans le cas qui nous occupe, on ne laisse aucune distance entre les tailles qui se trouvent ainsi sur une même ligne droite ; cette disposition des tailles appelée *à l' droite comle* a pour but de donner une grande activité au courant d'air, et de permettre de travailler dans plusieurs tailles à la fois, malgré le dégagement du gaz qui a lieu, surtout dans les allures de la partie méridionale du bassin.

La figure II représente la disposition d'une exploitation par voies demi-tiernes.

Cette proposition des tailles sur la même ligne avec la voie à la partie inférieure de chacune d'elles, n'est pas toujours employée ; généralement on préfère laisser encore aux voies une plus grande inclinaison, afin de diminuer celle de la taille et de lui donner un *parel*, c'est-à-dire replacer la voie à 3 ou 4 mètres du dessous de la taille. On met alors un *pousseur* avec le *scloneur* sur les voies tiernes lorsqu'elles sont parvenues à une certaine longueur, ordinairement à *demi-course;* dans ce cas, la distance entre les costresses qui partagent le massif n'est pas changée. L'emploi des *pousseurs* a encore lieu, lorsqu'un changement d'allure amène des irrégularités dans l'inclinaison et qu'on veut éviter de changer la disposition des travaux.

§ 3. — Exploitation des dressants.

Le système employé généralement dans le Couchant de Mons pour l'exploitation des veines en dressant, c'est-à-dire présentant une inclinaison depuis 40 degrés jusqu'à la verticale, est celui communément appelé gradins renversés ; chaque gradin ou *maintenage* est toujours poussé en avant de celui qui lui est supérieur. On donne généralement, dans ce mode d'exploitation, une hauteur de 40 à 60 mètres au massif à enlever ; ce massif est partagé sur sa hauteur en deux parties égales, par une voie de niveau dite de *recoupage*, reliée à la voix inférieure au moyen d'un plan incliné ; tout le massif se divise alors par parties de 2 ou 3 mètres de hauteur, appelées *maintenages* et dans chacune desquelles se place un ouvrier. La hauteur de ces maintenages ou gradins varie suivant la puissance des couches ; dans celles qui ont 60 centimètres et moins d'épaisseur, on adopte la hauteur de 2^m,50 à 3 mètres ; mais au-dessus de cette puissance, ils sont réglés à 2 mètres ; cependant cette hauteur est encore plus dépendante de la solidité des terrains encaissants, car l'on donne parfois 2^m,50 et 3 mètres dans les couches de 0^m,80 d'épaisseur, lorsque les terrains sont bons ; tandis que dans d'autres d'une puissance inférieure à 0^m,50, on est obligé parfois de ne donner que 2 mètres, à cause de la difficulté de maintenir les terrains, quand ceux-ci ne présentent pas beaucoup de solidité.

La question d'aérage exerce aussi une influence sur la hauteur donnée aux *maintenages* ; ainsi on renoncera à l'emploi de gradins de 3 mètres de haut, lors même que toutes les autres conditions seront favorables à cette hauteur, s'il se fait un trop grand dégagement de *grisou*, qui peut séjourner à la partie supérieure des gradins, hors d'atteinte du courant d'air.

En général, le maximum de hauteur assigné aux *maintenages* dans le bassin du Couchant de Mons est de 3 mètres, chaque gradin ou *maintenage* est en arrière de celui qui lui est inférieur, d'un espace appelé *bourre*, de 4 ou 5 mètres.

Le *remblayage* des chantiers d'abattage a lieu au moyen des parties schisteuses de la veine, et des terres provenant de l'ouverture des voies de niveau ; lorsque ces terres font défaut dans le milieu des tranches, on ménage dans les remblais des espaces libres appelés *fausses-voies*, que l'on boise comme les voix de niveau, mais moins solidement et qui ne sont presque pas entretenues.

Des ouvertures appelées *cheminées* sont en outre laissées dans les remblais, au fur et à mesure de leur exécution ; ces *cheminées* servent à amener sur la voie de niveau inférieure et sur celle du milieu, les charbons provenant des gradins supérieurs ; ces cheminées sont munies à leur partie inférieure, d'une espèce de trémie en planches, sur laquelle s'arrêtent les charbons et d'où ils sont facilement chargés dans les chariots.

La distance qui sépare chaque cheminée est de 5 mètres, cette distance n'est pas invariable car l'épaisseur de la veine et la quantité de terres nécessaires au *restaplage*, obligent parfois d'augmenter ou de diminuer cette distance.

Il en est de même de la largeur donnée à ces cheminées, qui varie de 1 mètre à 1^m,50; mais toutes ces cheminées sont toujours équidistantes.

On observe aussi de ne pas augmenter la séparation des cheminées, sous l'influence des circonstances citées plus haut, au point de gêner l'ouvrier à la veine pour déverser les charbons dans les cheminées. A mesure que le gradin supérieur de chaque tranche est passé au-delà d'une cheminée, on en retire tout le charbon qu'elle contient et on la remplit de terre.

Je citerai aussi le cas, où, dans certaine exploitation, on a supprimé le plan incliné reliant la voie intermédiaire à la voie inférieure : les cheminées se continuent directement alors jusque sur la voie de roulage, seulement elles sont interrompues par la voie intermédiaire et rejetées un peu de côté ; les deux parties sont mises en communication au moyen d'une espèce de trémie analogue à celles existant sur les voies de niveau, mais plus inclinée pour que le charbon y glisse seul.

La disposition des travaux en dressant, par gradins renversés, comme je viens de le décrire, est indiquée par la figure III.

A. Voie de niveau inférieure.

B. 1er gradin, vis-à-vis de cette voie, appelé *coupure* et dont le travail est plus difficile puisqu'il marche toujours *en ferme*.

C. Voie de niveau du milieu reliée par le plan incliné D à la voie inférieure.

E. Voie de retour d'air ; la direction des flèches indique la marche du courant d'air, qui, venant de la voie de niveau, est obligé de suivre le front des maintenages.

O. Cheminées amenant les charbons sur les voies de niveau.

V. Fausses voies laissées dans les remblais, dans le cas du manque de terre ; ces voies ne sont jamais entretenues, elles sont interceptées par le passage des cheminées.

Dans quelques charbonnages, bien que le système général par gradins renversés soit aussi employé, il subit d'importantes modifications ; la hauteur du massif est divisée en plusieurs parties ayant chacune 12 à 14 mètres, formant des espèces de tailles divisées aussi, soit en 6 ou 7 *maintenages* de 2 mètres, soit en 4 ou 5 *maintenages* de 3 mètres. Une bourre de 3 à 5 mètres sépare chaque maintenage.

Cette division de la tranche se fait par voies de niveau placées à la partie inférieure de chaque taille de 14 mètres, et qui sont reliées à la costresse inférieure, au moyen de plans inclinés avec automoteurs. Chaque taille ou série de 7 gradins, est en arrière de celle qui lui est inférieure d'une bourre de 10 à 15 mètres.

Des cheminées sont également laissées dans les remblais et servent à amener sur chaque voie de niveau, le charbon des gradins supérieurs.

La figure IV fait comprendre facilement le mode d'exploitation que je viens d'indiquer ; j'y suppose la hauteur de la tranche de 48 mètres, celle des tailles ou séries de maintenages de 12 mètres, chacun de ces maintenages ayant 2 mètres.

A. Voie de niveau inférieure desservant la taille ou série de maintenages Z.

C. Voie de niveau partageant la tranche et desservant les tailles supérieures D.

E. Plans inclinés, mettant les voies supérieures en communication avec la voie principale de roulage ; ces plans inclinés s'avancent vers les fronts de taille, lorsque les distances X Y, atteignent une trop grande longueur, alors la partie de voie abandonnée se remblaie, si la quantité de terre nécessaire au restaplage le permet.

F. La voie F, sert de troussage ; on intercepte au moyen de portes, la communication du courant d'air dans les voies de niveau du milieu, pour le forcer de passer le long des maintenages.

CHAPITRE II.

Bassin du Levant de Mons ou du Centre du Hainaut.

La division que j'ai établie pour la description des systèmes d'exploitation suivant l'allure des couches, ne s'applique pas complètement à ce bassin, puisque l'on n'y exploite d'une manière un peu étendue, que les platteurs du nord dont l'inclinaison ne dépasse pas 25 degrés. Cependant, dans la partie méridionale de ce bassin, on a aussi établi depuis quelque temps des travaux d'extraction, mais le peu de développement de ces travaux, qui n'ont, la plupart du temps, pour but principal, que d'assurer des reconnaissances encore imparfaites de cette partie du bassin, m'engage à ne pas m'y arrêter, ne pouvant les utiliser dans la comparaison à faire des systèmes entre eux.

§ 1. — Exploitation des platteurs.

Le mode d'exploitation employé dans le bassin du Centre du Hainaut présente des différences marquées à cause des influences nombreuses auxquelles on veut le soumettre, puisque outre l'allure et la nature des terrains et la puissance de la veine, on tient compte de la qualité et de la quantité du produit de cette dernière.

Un fait surtout caractérise parfaitement le système employé par les exploitants de ce bassin : il consiste en ce que l'exploitation d'une tranche ou massif de charbon n'a pas lieu, comme cela se fait dans les autres bassins, directement en partant du puits, mais est portée de suite à la limite assignée au siége d'extraction, ou à celle de la concession, si celui-ci n'en est pas trop éloigné ;

encore cette exploitation rétrograde, si on peut l'appeler ainsi,
ne s'établit-elle pas sur toute la hauteur du massif, ni sur une
trop grande surface à la fois.

La hauteur des massifs ou tranches est indéterminée, elle est
parfois élevée et dépasse même 200 mètres. Une voie de niveau
partant du puits ou du point de recoupe de la galerie à travers
bancs, est poussée dans la veine au levant et au couchant, jusqu'à
la limite assignée à l'exploitation. Cette voie est accompagnée
d'une taille dont la hauteur et la position par rapport à la voie
principale, varient selon la disposition que l'on donnera aux travaux d'exploitation. Parfois cette taille reçoit 12 à 14 mètres de
hauteur et se trouve tout en dessous de la voie principale d'allongement, au niveau de la chambre d'accrochage ; cette voie sert
alors de voie d'aérage, une autre voie est conduite à la partie
inférieure de la taille pour le transport des charbons, qui sont
ramenés sur la voie supérieure, au moyen d'un treuil, par une
voie inclinée ; cette disposition est surtout employée lorsque l'on
veut enlever le massif par *montements* ou tailles marchant suivant l'inclinaison. En cas contraire, c'est-à-dire si l'exploitation
doit avoir lieu par *costresses* ou tailles marchant dans le sens
de la direction, la taille reçoit une plus grande largeur, environ
18 mètres et se trouve complètement au-dessus de la voie de
niveau ; une autre voie est conduite pour l'aérage à la partie supérieure de la taille. Lorsque l'on est parvenu à la limite assignée,
on prend, le long de cette limite, une taille de 16 mètres environ
de hauteur, qui monte selon l'inclinaison de la veine. La voie
qui dessert cette taille est placée à l'extrémité de celle-ci, de manière à ce qu'elle s'appuie d'un côté sur le ferme ; cette voie est
assez large, devant servir de plan incliné dont la poulie-frein est
avancée avec les fronts de tailles. Lorsque cette taille dite *montement* est parvenue à la hauteur du massif, on reprend à la costresse inférieure une nouvelle taille comme la première, et on
la pousse aussi à hauteur de tranche, en remplissant la majeure
partie de la voie de la taille précédente, ainsi que la partie de la
costresse devenue inutile.

Souvent on partage la longueur de la costresse, pour pouvoir prendre des *montements* sur deux points à la fois ; lorsque la tranche présente une assez grande hauteur, on divise aussi cette hauteur en deux parties, par une voie de niveau, d'où partent d'autres *montements* qui viennent s'arrêter à l'exploitation supérieure, tandis que ceux de la voie inférieure viennent s'arrêter à la costresse intermédiaire. En général, un *montement* est seul en activité sur le même point, de manière que la voie, par sa position, s'appuie d'un côté sur les remblais et de l'autre côté sur le massif de veine qui ne sera enlevé que par le *montement* suivant.

Il arrive cependant des cas exceptionnels, où plusieurs *montements* sont en activité dans le même moment et sur le même point ; mais ils ne sont jamais qu'en petit nombre, et leurs tailles sont toujours assez éloignées l'une de l'autre, disposées ainsi en larges gradins, séparés par une assez longue distance ; en ce cas, la voie est replacée au milieu de la taille.

Un autre système d'exploitation est encore souvent employé. La voie de niveau principale étant poussée à limite, on partage sa longueur en deux ou trois parties par des plans inclinés, que l'on établit jusqu'à la partie supérieure du massif ; on enlève alors le massif, en descendant au moyen de tailles de 18 mètres environ de largeur, et dont les voies placées à la partie inférieure marchent de niveau. Une seule taille est en activité, on n'en établit une seconde inférieure, que quand la première est sur le point d'atteindre l'autre plan incliné. Dans quelques charbonnages on modifie ce système, en prenant la première taille au pied même du plan incliné, et enlevant de cette manière le massif en montant.

De même que dans le système par *montements*, il arrive parfois que l'on mette en activité dans le même moment, deux ou trois tailles au-dessus l'une de l'autre ; une distance assez longue sépare alors ces tailles, qui sont reliées à la voie inférieure par un seul plan incliné, et dont les produits sont enlevés successivement ; dans ce but, les chemins de fer établis sur le plan incliné sont interrompus, en face de chaque voie de niveau par un *planchage* mobile, qui se déplace à volonté selon la taille, dont on enlève le produit.

Dans l'un et dans l'autre système, les terres provenant de la veine et du coupage de voies, servent au remblais des tailles et des voies hors de service peu éloignées ; mais il arrive souvent qu'on laisse ébouler celles-ci.

La voie de niveau principale poussée à limite est toujours ouverte, pour permettre le transport des charbons sur toute son étendue, au moyen de chevaux. Dans les autres parties de l'exploitation, ce transport a lieu par hommes et par plans inclinés.

Le choix de l'un ou l'autre des systèmes que je viens de décrire, et que l'on distingue par les dénominations : par *montements* ou par *costresse* est réglé souvent par la nature des terrains encaissants, par la quantité de terres forcément produites, par la puissance de la veine et le plus ou moins de facilités obtenues, par la nature de celle-ci pour le travail d'abattage.

Généralement, les exploitants de ce bassin tiennent souvent compte des joints naturels de clivage, qui n'y sont pas toujours parallèles à la direction des couches, quoiqu'étant toujours parfaitement marqués ; aussi, dans le système par costresse, on incline la taille dans le sens de la direction, pour laisser profiter l'ouvrier de ces cassures ; et même dans quelques cas, on avance la partie inférieure de la taille de 6 à 8 mètres, pour que l'enlèvement de la partie supérieure puisse se faire en montant.

Le peu de dureté de la majeure partie des terrains qui séparent les nombreuses veines de ce bassin, permet de percer les bouveaux à peu de frais, et d'établir l'exploitation dans plusieurs veines à la fois ; cette circonstance, conséquence du système employé, permet en outre de mélanger, dans des proportions convenables aux exigences du commerce, les produits dont la qualité varie souvent d'une veine à l'autre.

L'on comprend facilement que la disposition donnée généralement aux travaux d'exploitation dans le bassin du Centre, d'où résulte une situation en quelque sorte isolée des ateliers d'abattage, doit contrarier beaucoup le courant d'air nécessaire à l'alimentation des travaux ; aussi, ce courant, outre qu'il a toujours un très long parcours à faire, est tantôt ascendant et tantôt descendant, et présente de nombreuses irrégularités, que ne peut même autoriser l'absence complète de dégagement de gaz inflammable. En un mot, cette question d'aérage, qui exerce une influence si grave dans la majeure partie des groupes houillers de la Belgique, surtout en cas de dégagement de gaz hydrogène carboné, et que la sollicitude des principaux ingénieurs des mines a placée maintenant comme l'une des questions de première importance dans toute exploitation, paraîtrait, par le système du Centre, n'être qu'une question secondaire et sur laquelle l'exploitant pourrait passer légèrement lorsque la présence du *grisou* ne lui en fait pas une loi.

Je dois dire maintenant que le système d'exploitation que je viens de décrire a déjà été abandonné dans ces dernières années par quelques charbonnages ; j'ai cru devoir en faire toutefois une description assez longue afin de pouvoir examiner en détail dans la seconde partie de ce mémoire, les résultats qu'il produit. Il a été remplacé par un système analogue à celui du Flénu dans les mêmes allures ; l'exploitation établie directement en partant du puits ou du bouveau de roulage, a lieu par tailles montantes suivant l'inclinaison de la veine de 16 à 20 mètres, la voie placée au milieu de chaque taille reçoit des dimensions suffisantes à l'établissement d'un double chemin de fer pour plan incliné desservi par une poulie avec frein, laquelle s'avance avec les fronts des tailles. La distance qui sépare les tailles est peu importante ; les dimensions de la voie amènent une plus grande quantité de terres, ce qui permet d'exécuter convenablement le remblai et parer ainsi au peu de solidité des terrains.

CHAPITRE III.

Bassin de Charleroy.

Le bassin de Charleroy présente, dans sa partie septentrionale, des grandes platteurs d'une allure assez régulière appelées *maîtresses allures* ; mais dans la partie méridionale, les veines éprouvent de nombreuses variations dans leur allure et forment, successivement, sur peu d'étendue, des dressants et des platteurs fortement inclinées, dont l'ensemble a reçu le nom de *retours* ; la fréquence de ceux-ci et d'autres accidents de terrain, obligent d'apporter, parfois, des modifications nombreuses, mais, à la vérité, peu importantes et momentanées, au mode d'exploitation employé ; cependant, je ne m'attacherai qu'à décrire les systèmes généraux bien caractérisés employés dans ce bassin.

§ 1. — Exploitation des platteurs faiblement inclinées.

L'exploitation des platteurs a lieu au moyen de tailles de 16, 18 ou 20 mètres de largeur marchant en même temps ; toutes ces tailles s'avançant dans la direction de la veine dont elles ont l'inclinaison, les voies qui les desservent marchent de niveau et sont dites *voies de chassage*.

Les plans inclinés dits *montées*, relient les voies supérieures à la voie inférieure, qui sert au transport et à laquelle on donne des dimensions suffisantes pour que ce transport s'effectue par chevaux. La disposition des plans inclinés est assez variable ; parfois chaque voie de niveau est mise directement en communication avec celle qui lui est inférieure, de sorte que sur la montée de la 1re à la 2me taille, passent les charbons des tailles supérieures. Cette disposition, amenant souvent des interruptions dans la marche de l'extraction, est modifiée dans des exploitations importantes ; un grand plan incliné est établi jusqu'au milieu de la tranche et dessert les tailles supérieures indépendamment des tailles inférieures.

Toutes les tailles sont disposées de manière à être à peu près sur la même ligne, elles ne sont séparées que par une faible distance ; elles sont généralement perpendiculaires à la voie qui se trouve placée à la partie inférieure. Lorsque ces voies atteignent une longueur de plus de 200 mètres, on établit de nouveaux plans inclinés vers les fronts de taille, dans le but d'annuler l'entretien d'une partie des voies de niveau et de diminuer le transport par hommes ; alors le parcours des chevaux sur la voie inférieure est allongé de cette distance.

Anciennement une tranche d'exploitation s'établissait au-dessous comme au-dessus de la voie de niveau, mais on a généralement abandonné ce système ; on ne l'emploie plus guère que dans les retours, lorsque le rapprochement d'un *crochon* ou ligne d'intersection d'une platteur et d'un dressant, ne laisse pas au-dessous de cette voie un massif suffisant pour en faire l'objet d'une exploitation spéciale ; ce genre de travail est appelé exploitation *en vallée* ou par *défoncement* et s'exécute comme je viens de l'indiquer par *tailles de chassage*.

En général, on conserve encore au-dessous de la voie de niveau, une taille en *défoncement* dont la largeur est d'environ 12 mètres, et qui est d'une grande utilité pour le système du bassin de Charleroy, puisqu'elle sert, ainsi que les parties de la voie abandonnée lors de l'avancement vers le front de taille de la galerie inclinée qui la met en communication avec la voie principale, à remettre les terres qui sont difficilement ramenées dans les tailles supérieures à cause des plans inclinés.

Cette taille en défoncement est prise aussi pour donner plus de solidité à la voie principale de transport, en l'éloignant du plan de la cassure que tend à produire le tassement du terrain le long du massif inférieur.

La disposition des travaux dans ce genre d'exploitation est indiquée par la figure V.

A. Voie de niveau principale dont la taille est F.

B. Voies de niveau supérieures desservant les tailles F' ; celles-ci ont 18 mètres de hauteur et marchent de chassage, c'est-à-dire dans la direction de la veine.

C. Voie supérieure de retour d'air ou *pille*.

D. Voie de la taille F'' prise en *défoncement ;* cette voie est reliée à la voie principale par la *vallée* E.

I. Plans inclinés mettant les voies supérieures en communication avec la voie principale A.

Le courant d'air arrivant par la voie principale A, monte le long des tailles jusqu'à la voie d'aérage ou *pilier*, la communication étant interceptée sur les voies supérieures par des portes P.

Sur la voie de niveau, des portes P' munies d'un guichet ou régulateur, forcent une partie du courant d'air à descendre dans la taille en défoncement.

Dans plusieurs charbonnages, on emploie, pour l'exploitation des platteurs, un système tout-à-fait opposé. De la voie de niveau, qui s'établit comme dans le cas précédent, partent des tailles montantes suivant l'inclinaison de la veine, et auxquelles on donne jusqu'à 18 ou 20 mètres de largeur.

Lorsque la hauteur du massif à enlever est assez importante, on le partage par une voie de niveau intermédiaire, d'où partent également des voies montantes, qui sont poussées jusqu'à la voie de retour d'air. On fait ordinairement servir pour *pilier* la voie inférieure de l'exploitation précédente qu'on entretient dans ce but.

Une voie se trouve au milieu de chaque taille, le transport s'y effectue par hommes ; plusieurs tailles montantes sont en activité dans le même moment et sur le même point, mais elles sont toujours séparées l'une de l'autre par une assez grande distance. Ce mode d'exploitation est surtout employé dans les grandes platteurs dont l'inclinaison n'excède pas 10 à 12 degrés.

§ 2. — Exploitation des couches fortement inclinées.

L'exploitation des veines présentant des inclinaisons assez fortes, s'établit d'une manière analogue à celle que je viens de décrire ; elle éprouve cependant, dans plusieurs charbonnages, diverses modifications, mais de peu d'importance.

Lorsque l'inclinaison ne dépasse pas 35 à 40 degrés, le système employé ne diffère de celui indiqué dans le paragraphe précédent, que par la disposition des *montées ;* au lieu de s'élever suivant l'inclinaison de la veine, celles-ci sont dirigées obliquement de manière à n'avoir qu'une pente de 20 degrés au plus, convenable pour la descente régulière des chariots.

Dans ce cas, les tailles reçoivent une plus grande largeur, et souvent il n'y a que 3 ou 4 tailles en même temps en activité à cause du grand dégagement de gaz qui se produit dans les allures qui nous occupent et qui se fait surtout remarquer dans les retours du Midi du bassin.

Lorsque l'inclinaison de la veine est telle, que le charbon peut glisser sur le mur par l'effet de la pesanteur, on adopte un système différent qui se rapporte à celui des tailles montantes.

Si la hauteur du massif le comporte, on le partage par des voies de niveau, d'où partent des tailles de 18 et 20 mètres de largeur, montant suivant l'inclinaison de la veine ; les voies prises alors sur des dimensions moindres, quant à la hauteur surtout, sont plutôt des espèces de *cheminées* comme dans l'exploitation des dressants indiquée au chap. I, § 3, on y pousse les produits de la taille qui glissent sur le mur de la couche jusque sur la voie de niveau. Ces voies ou plutôt ces cheminées sont munies à leur partie inférieure, d'un plancher formant trémie pour faciliter le chargement des charbons. Chaque voie de niveau reçoit toujours les cheminées de la partie du massif qui lui est directement supérieure.

Dans d'autres charbonnages on exploite les couches fortement inclinées au moyen de tailles marchant de chassage, mais ayant une très-grande largeur, portée quelquefois à 30 et 40 mètres. En ce cas, on ne tient en activité sur le même point qu'une ou deux tailles seulement; le charbon glisse sur le mur jusqu'au pied de la taille; lorsqu'on n'a qu'un seul atelier on établit deux voies à peu près de mêmes dimensions, l'une à la partie inférieure du massif, pour le transport, l'autre à sa partie supérieure pour l'aérage.

Je ferai observer ici que je relie au bassin de Charleroy les principaux charbonnages de la Basse-Sambre (partie ouest de la province de Namur jusqu'à Auvelois); les systèmes que je viens de décrire leur sont communs, surtout celui par tailles d'une grande largeur énoncé en dernier lieu.

§ 5. — Exploitation des dressants.

Les retours fréquents qu'éprouvent les veines dans la partie méridionale du bassin de Charleroy, donnent naissance à de nombreux dressants, qui sont même parfois placés suivant la verticale; l'exploitation de ces allures a lieu généralement au moyen de tailles de 12 à 15 mètres de hauteur; trois et souvent 4 tailles se trouvent superposées, mais de manière que l'inférieure est toujours en avant; ces tailles sont séparées l'une de l'autre par une distance de 15 à 20 mètres; chacune est desservie par une voie qui marche de niveau et des plans inclinés relient les voies supérieures à la voie principale de roulage.

Généralement, chaque taille est placée suivant une ligne presque verticale et occupe 4 ou 5 ouvriers établis l'un au-dessus de l'autre, sur des planchers construits sur les bois de revêtement. La largeur de l'emplacement de chaque ouvrier n'est pas uniforme, c'est-à-dire qu'elle augmente à mesure que l'ouvrier occupe un point plus élevé dans la taille. Cette disposition est nécessaire pour la régularité du travail d'abattage, puisque chaque ouvrier ne peut arracher la veine que lorsque celui qui est placé au-dessous de lui a terminé ce même travail. Par cette diminution de place en faveur des ouvriers inférieurs, ceux-ci ont terminé leur havage

et leur déhouillage lorsque les autres ont fini de haver et sont
prêts à déhouiller.

L'avancement journalier des tailles en dressant convenablement
disposées, peut être estimé en moyenne à 1^m,20. Les parties
schisteuses sont rejetées en arrière pour le remblai des tailles ; on
laisse un espace libre au-dessus de la voie pour pouvoir remettre
facilement les terres du coupage de la galerie, lors de l'exécution
de ce travail. On est obligé de laisser une assez grande largeur
entre la veine et les remblais, pour le passage du courant d'air,
qui s'établit le long de ceux-ci, à cause des planchers construits
par chaque ouvrier contre la veine. Les plans inclinés reliant les
voies supérieures à la voie principale, sont ordinairement reportés
vers les fronts de taille après un avancement des voies de 200
mètres.

Dans quelques charbonnages ces plans inclinés sont supprimés
à cause de la mauvaise qualité des terrains, et sont alors rem-
placés par des cheminées ménagées dans les remblais, et dans
lesquelles on vient verser le charbon qui descend sur la voie
inférieure.

La figure VI fera voir la disposition des tailles pour l'exploitation
des dressants telle que je viens de l'indiquer.

A. Voie de niveau principale qui dessert la taille F et sur
laquelle viennent aboutir les plans inclinés O partant des voies
supérieures B desservant les tailles F'.

C. Voie de retour d'air ou *pilier*.

Le courant d'air s'établit facilement ; arrivant par la voie A, il
suit le front de toutes les tailles, les voies supérieures étant munies
de portes, et, lors de l'emploi de cheminées, celles-ci étant toujours remplies de charbon et ne laissant pas de communication
avec les voies supérieures.

Dans certaines exploitations, on a modifié la position de la taille,
qu'on incline dans le sens de la direction, en poussant en avant la
partie supérieure. Cette inclinaison était telle que pour un développement de taille en longueur de 15 mètres, la hauteur suivant la
verticale n'était que de 12 mètres. Cette disposition avait pour but

d'éviter le bris des charbons par une chûte trop rapide sur la voie.
Pour donner plus de régularité au travail, on faisait venir deux
ouvriers pendant la nuit pour pousser l'avancement dans la partie
inférieure de la taille, de sorte que ces ouvriers avaient à peu près
terminé le déhouillage quand ceux de la partie supérieure commen-
çaient le havage.

Dans l'un des charbonnages des environs de Charleroy où l'on
exploite des dressants de 85 degrés, on emploie préférablement
un système analogue à celui qui est indiqué au § 5, chap. 1, pour
l'exploitation des mêmes allures du Couchant de Mons. Le massif
à enlever a 50 mètres de hauteur et une voie de niveau dite de
recoupage, le divise en deux tranches. 25 gradins ou maintenages
de 2 mètres de hauteur et distants entre eux de 4 ou 5 mètres,
servent à l'enlèvement de ce massif; les cheminées d'une largeur
de 1^m,50, sont placées à 5 mètres de distance de centre à centre.
Souvent, entre celles-ci, on abat des pierres qui, tout en aidant à
faire le remblai convenablement, permettent d'établir des murs de
pierres sèches pour le maintien de la cheminée; de fausses voies
sont également laissées lorsque les terres font défaut. Les cheminées servent à amener les charbons jusque sur la voie inférieure
et elles remplacent ainsi les plans inclinés.

L'extraction étant assez importante à ce charbonnage, on exploite en même temps deux tranches superposées, de 50 mètres
de hauteur, desservie chacune par une voie de niveau se reliant à
deux envoyages différents; on cherche autant que possible à disposer les travaux pour que la tranche inférieure soit toujours en
avant de la tranche supérieure.

CHAPITRE IV.

Bassin de l'arrondissement de Liége.

Si nous examinons le bassin houiller de l'arrondissement de Liége, suivant une grande ligne de coupe du Nord au Midi , nous verrons que la disposition générale des couches présente assez d'analogie avec celle du bassin du Couchant de Mons. La partie septentrionale se compose de grandes platteurs d'une allure assez régulière, offrant de faibles inclinaisons, 5 à 12 degrés ; ces platteurs occupent également tout le fond du bassin, puisque les couches en se relevant pour former la partie méridionale y conservent encore quelque temps la même allure. A l'exception de ces platteurs du fond du bassin, la partie méridionale de celui-ci est soumise à de nombreux retours qui font naître une succession de platteurs et de dressants présentant des inclinaisons très différentes.

§ 1. — Exploitation des platteurs faiblement inclinées.

Les connaissances plus certaines que l'on a acquises de la position des anciens travaux et des bains d'eau qui y existaient, jointes à la plus grande profondeur à laquelle les exploitations actuelles sont établies , ont permis d'abandonner l'ancien système , fort peu avantageux, d'exploitations partielles, c'est-à-dire par piliers qu'on abandonnait en grande partie pour s'opposer à l'affaissement du terrain.

Le mode d'exploitation généralement employé dans les platteurs, se rapproche beaucoup de celui des mêmes allures du bassin de Charleroy, c'est-à-dire que les tranches, ou massifs de 100 à

150 mètres de hauteur , sont enlevées au moyen de tailles marchant dans le sens de la direction. Ces tailles reçoivent une largeur de 20 à 25 mètres , et sont placées dans une position perpendiculaire à la voie , qui se trouve à la partie inférieure ; les ouvriers qui y sont occupés, occupent chacun une place de $5^m,50$ à 4 mètres ; plusieurs tailles sont superposées, mais le nombre en est toujours très restreint, elles sont distantes entre elle de 25 à 30 mètres, les inférieures étant toujours poussées en avant. L'exploitation se trouvant établie des deux côtés de la galerie à travers bancs ou *bacnure* et souvent dans plusieurs corps de veine à la fois, permet de diminuer le nombre d'ateliers d'abatage sur le même point, et de fournir du reste la production nécessaire aux besoins de la vente. Cette disposition est en partie la conséquence du fort dégagement de gaz qui a lieu dans toutes les houillères de ce bassin, où l'on évite même de faire repasser dans plusieurs tailles le même courant d'air. Les voies desservant les tailles supérieures sont mises en communication avec la voie d'allongement, par des galeries suivant l'inclinaison de la veine, dites *montées;* lorsque cette inclinaison ne dépasse pas 6 degrés, le transport s'effectue partout, par chevaux ; mais lorsquelle devient plus forte , les montées se transforment en plans automoteurs ; après un avancement d'environ 150 mètres des voies de niveau , on reporte ces plans vers le front des tailles ou *vif-thier* dans le but de diminuer le transport et l'entretien.

Le remblai des tailles se fait le plus convenablement possible avec les terres provenant du travail d'abatage et du *bosseyment* ou coupage de voies ; généralement un ouvrier spécial est placé dans chaque taille et est chargé du tassement des remblais.

La largeur de la taille est toujours influencée par la quantité de terres , mais le *bosseyment* devant être assez important par suite de l'emploi de grandes *berlaines* pour le transport, réagit sur la largeur à donner aux tailles. D'un autre côté, on évite de tirer au jour les terres provenant des travaux de réparation ou du creusement des *bacnures* en les remenant dans les tailles , ou dans les parties des voies abandonnées.

En général, la voie se trouve à la partie inférieure de la taille, je citerai cependant comme cas particulier une exploitation dans laquelle les tailles, recevant 28 mètres de hauteur, sont partagées par la voie, de telle sorte, que 8 mètres se trouvent en dessous de la voie et 20 mètres au-dessus; cette disposition était prise dans le but de donner plus de solidité aux voies de roulage qu'on établissait nouvelles, en remplissant la voie d'aérage de la taille inférieure qui sert, dans d'autres exploitations, de galerie de roulage pour la taille supérieure.

Le nombre de tailles tenues en activité en même temps et sur le même point ne permet pas d'enlever le massif sur toute sa hauteur; on doit le partager en tranches que l'on enlève successivement en montant.

Dans les allures qui nous occupent, on établit souvent deux exploitations différentes au même étage, l'une dite *d'amont pendage*, supérieure au niveau de la chambre d'accrochage, et l'autre dite *d'aval pendage*, qui lui est inférieure. L'exploitation en *aval pendage* est desservie par une galerie inclinée, partant de la voie de niveau principale ou *niveau de bure*, et portant le nom de *graale* si elle peut être pratiquée suivant l'inclinaison de la couche qui ne doit pas alors dépasser 5 à 6 degrés, et celui de *demi-graale* si, la pente de la veine étant plus forte, elle marche diagonalement, c'est-à-dire suivant une ligne intermédiaire entre celle de la plus grande pente et la direction; on cherche, en effet, à établir ces voies de manière à y effectuer, sans trop de difficulté le transport par chevaux. De la graale ou de la demi-graale partent les voies et tailles disposées comme dans l'exploitation du massif *d'amont pendage* décrit ci-dessus.

J'indique par la figure VII, la disposition d'une exploitation du bassin de l'arrondissement de Liége établic également en partie en *aval pendage*.

A. *Bacnure* par laquelle on a atteint la veine.

B. Massif de 50 mètres environ qu'on laisse dans chaque veine à proximité de la *bacnure*.

C. Tailles qui ont été poussées jusqu'à la partie supérieure du massif et dont les voies servent à l'aérage et à l'établissement des travaux."

D. Tailles marchant dans la direction avec voies de niveau **E** reliées entre elles par les galeries montantes **F**.

G. Voies de retour d'air.

H. Graale dans laquelle est prise la taille **D'** desservie par la voie de niveau **E'**.

Dans le mode d'exploitation que je viens d'indiquer, le massif à exploiter est enlevé par tranches successives en montant; mais il est un cas où le contraire a lieu, et où la disposition des travaux doit être sensiblement modifiée par suite de circonstances tout-à-fait exceptionnelles.

Ainsi qu'il a été dit précédemment, la présence de bains d'eau importants dans les anciens travaux, et avec lesquels les accidents de terrains tels que crans, rejetages, etc., très fréquents dans le bassin houiller de Liége, peuvent établir des communications dangereuses, oblige le mineur liégeois à avancer avec de grandes précautions, et à faire précéder ses travaux par de longs trous de sonde.

Lorsque des données certaines font défaut sur la position du massif à enlever, et que l'on craint la rencontre des eaux, on dispose les travaux de la manière suivante, qui diminue beaucoup les dépenses élevées qu'occasionneraient alors les trous de sonde, tout en permettant à l'exploitation proprement dite de se faire convenablement et en toute sécurité.

Deux tailles de niveau précédées de trous de sonde sont poussées en même temps dans la même direction, elles forment ainsi l'une la limite supérieure, l'autre la limite inférieure du massif à enlever dont la hauteur est de 250 à 300 mètres. A leur point de départ, elles sont mises en communication par une taille montante dont la voie servira plus tard de plan incliné. Lorsque les voies de niveau ont atteint une longueur de 300 à 400 mètres, on ouvre une taille montante pour les mettre aussi en communication à cette distance, et on dégage ainsi un parallélogramme qu'on exploite avec toute sécurité par tailles marchant dans le sens de la direction, se rencontrant vers le milieu du massif, et prises successivement les unes en dessous des autres en partant du haut de celui-ci.

Pendant l'enlèvement de cette partie on a continué d'avancer les voies de niveau, pour préparer un nouveau champ qu'on exploitera de la même manière, après l'enlèvement du premier.

§ 2. — Exploitation des couches fortement inclinées.

Généralement, ces allures sont exploitées de la même manière que celles qui ont fait l'objet du paragraphe précédent. L'enlèvement des tranches ou massifs a lieu également en partant de la partie inférieure, au moyen de tailles marchant dans le sens de la direction. Ces tailles reçoivent une largeur de 30 mètres ; une seule est en activité sur un même point ; on en porte quelquefois la largeur à 40 et 50 mètres, mais ces cas sont exceptionnels et amenés seulement par les variations brusques d'allure dans le midi du bassin. La voie supérieure ou d'aérage est encore utilisée plus tard lorsqu'on établit une nouvelle taille supérieure. L'exploitation se continue dans les retours successifs ; mais la tranche se découpe en gradins lorsqu'on entre dans des allures en dressants.

Chaque ouvrier occupe dans la taille une place de $3^m,50$ environ de largeur, et avance de $1^m,20$. Les charbons sont poussés sur le mur jusque dans la voie de niveau. Cependant on agit autrement dans beaucoup de charbonnages ; pour éviter le bris de charbon sous l'influence d'une pente trop rapide, on emploie comme cela arrive quelquefois dans le bassin de Charleroy en pareilles circonstances, des traîneurs qui effectuent le transport dans les tailles au moyen de traîneaux ou sclons glissant sur le mur, qu'on va culbuter dans la voie de roulage au point du chargement des berlines. Ce travail est fatiguant surtout lorsque l'inclinaison est un peu forte. Si la veine est peu puissante il ne peut cependant être confié qu'à de jeunes ouvriers ; si, au contraire, elle est très productive, il faut quelquefois employer autant de forts traîneurs qu'il y a d'ouvriers à la veine ; dès lors, on doit nécessairement ménager un grand espace entre le front de taille et le remblai ; ce mode est donc impraticable lorsque le toit de la couche est très mauvais.

§ 3. — Exploitation des dressants.

Lorsque l'inclinaison est parvenue au point où le glissement des charbons a lieu par l'action seule de la force de la pesanteur, on adopte un autre système. Les tailles droites analogues à celles du bassin de Charleroy, sont assez généralement remplacées par les gradins renversés, comme dans le Couchant de Mons ; je crois néanmoins ne pouvoir me dispenser d'en dire un mot.

Dans le cas de leur emploi la hauteur des tranches d'exploitation est de 50 mètres, trois tailles servent à l'enlèvement de ce massif, elles sont éloignées l'une de l'autre par d'assez grandes distances, les voies sont mises en communication avec celles de roulage au moyen de cheminées, appelées *chaufours*, ménagées, dans les remblais, et dans lesquelles on vient culbuter les charbons avec les petits chariots.

La disposition générale de ces tailles est semblable à celle que j'ai indiquée dans la description du bassin de Charleroy.

Comme je l'ai dit, ce système est remplacé en grande partie par celui dit par gradins renversés.

Les massifs ne reçoivent qu'une hauteur de 50 à 55 mètres, et sont enlevés par des maintenages ou gradins distancés les uns des autres de 6 ou 7 mètres. Chaque gradin a 5 mètres et plus souvent 5^m,50 de hauteur ; les *chaufours* ou cheminées sont ménagés dans les remblais, et amènent sur la voie les charbons de la partie supérieure ; des trémies facilitent le chargement des berlines. Ces cheminées sont espacées de 5 mètres environ, et reçoivent 1^m,60 à 1^m,80 de largeur, chaque ouvrier occupé fait en moyenne un avancement journalier de 1^m,20. Il existe aussi dans le milieu de la tranche une voie qui interrompt toutes les cheminées, et qui fournit des terres pour le remblai de cette partie ; il arrive même aussi qu'on y amène au moyen d'un treuil placé sur un chaufour resté libre, des terres provenant des autres parties des travaux.

La grande hauteur des maintenages et par suite le grand espace qu'il faut ménager entre les remblais et la veine, rendent nécessaire un boisage très solide que l'on ne peut faire faire par l'ouvrier à la veine ; ce travail doit être exécuté par des ouvriers spéciaux, appelés boiseurs, chargés du placement des bois de soutenement dans les gradins.

Avant de terminer ce qui a rapport au bassin de Liége, je ferai remarquer qu'en général le bosseyment ou coupage de voies s'y fait toujours sur une assez forte épaisseur, les voies recevant une assez grande section ; les *bosseyeurs* ou coupeurs de voies ne placent pas les bois de soutenement des galeries, ils montent seulement les murs aux deux côtés avec les pierres qu'ils ont arrachées, et placent les bois qui soutiennent ces murs. Une autre catégorie d'ouvriers dits *boiseurs* établit les bois de la voie en laissant un espace entre ceux-ci et les murs montés par les bosseyeurs, espace qui est rempli plus tard par les terres provenant de l'entretien de la voie.

Le dégagement de gaz inflammable dans toutes les houillères du bassin de Liége et surtout dans celles de sa partie méridionale, oblige d'établir le remblai des tailles d'une manière convenable ; de là, la nécessité d'employer la catégorie d'ouvriers appelés *bourreurs* de remblais, chargés spécialement du tassement des parties menues jusque contre le toit ; ce dégagement de gaz exerce aussi une grande influence sur l'exploitation, en forçant de modifier parfois les dispositions des travaux, auxquels on ne donne jamais un grand développement sur le même point ; car comme je l'ai dit précédemment, on n'active du même côté qu'une seule taille d'une assez grande largeur.

A cause de l'analogie que présente la disposition de ces travaux avec celle qui est indiquée aux chapitres I et III, je ne crois pas nécessaire de faire de plan spécial pour ceux que j'ai décrits dans ces deux derniers paragraphes.

SECONDE PARTIE

Comparaison des Systèmes.

L'exploitation de la houille est soumise à tant de causes qui peuvent influer sur le mode suivant lequel elle se pratique, causes qui varient non seulement d'un bassin à l'autre, mais encore, dans les charbonnages assez rapprochés d'un même bassin, et je dirai plus, d'un point à un autre de la même exploitation, que l'on s'explique parfaitement quoiqu'on ne puisse toujours justifier les nombreuses différences qui existent entre les systèmes décrits dans la première partie de ce mémoire.

En effet, la puissance de la veine, sa composition, son allure et la qualité de son produit, la nature des terrains encaissants, les accidents de terrains et le dégagement plus ou moins considérable de gaz inflammable, sont autant de causes, variant d'une veine à l'autre et dans la même veine, auxquelles des raisons locales, telles que la position du charbonnage, sa population ouvrière, les exigences de la vente, viennent s'adjoindre pour dicter en quelque sorte des lois à l'exploitant, et empêcher l'emploi d'un même système général.

Aussi, par le fait seul de ces variations, le champ de la comparaison est vaste, et il est difficile, on ne peut se le dissimuler, d'établir cette comparaison, directement sur la partie économique

des systèmes, en tenant complètement compte de toutes ces différences et anomalies; car, pour prouver qu'il y a économie, il
faut des chiffres; il faut faire voir que tel système amène un prix
de revient inférieur à celui qui résulterait uniquement de l'emploi de tel autre système, et dans les conditions que nous citons
ici, comment trouver les éléments nécessaires pour discuter ces
renseignements numériques? Pour arriver à une solution de la
question, j'ai donc dû généraliser, en quelque sorte, la position
des exploitations, sauf à tenir compte des particularités dans le
rapprochement des systèmes décrits.

Je suivrai dans cette seconde partie le même ordre que dans la
première et je rechercherai principalement l'influence que peuvent
exercer les divers modes décrits sur les différentes catégories de
travail, c'est-à-dire sur l'abattage de la houille, l'ouverture des
galeries, leur entretien, et sur le transport et même l'aérage
lorsqu'il y aura lieu.

CHAPITRE V.

Exploitation des couches faiblement inclinées.

Il y a lieu de distinguer dans ce que j'ai dit dans la première partie de mon mémoire, relativement à l'exploitation de ces allures, le mode qui est suivi dans les mines du Centre du Hainaut; il présente une telle différence avec ceux du Couchant de Mons, de Charleroy et de Liége, que je devrai en faire un examen spécial et n'établir d'abord de rapprochement qu'entre les exploitations de ces dernières localités.

§ I.

Cherchons donc l'influence qu'exercent les systèmes employés dans ces mines d'abord, sur le travail aux tailles proprement dit.

Le système par tailles montant suivant l'inclinaison, comme dans le Borinage, présente sur celui par tailles marchant dans le sens de la direction, comme à Liége et à Charleroy, des avantages sous le rapport de la production et du travail de l'ouvrier; en effet, cette disposition des tailles permet de profiter complétement des grands joints de clivage, généralement placés parallèlement à la direction de la veine, et qui, je dois le dire, sont parfaitement caractérisés au Couchant de Mons.

La quantité de gros charbon sera plus importante, toutes conditions égales d'ailleurs, dans les *tailles montantes* que dans celles *de chassage* (ces expressions seront admises ici pour distinguer entre elles les deux principales dispositions des chantiers d'abattage), car dans ces dernières, l'ouvrier profite peu de ces joints, et est obligé d'entailler la veine à l'outil, sur plusieurs faces; aussi l'abattage est-il plus difficile, et c'est tellement vrai que, dans le Borinage, les ouvriers exigent une augmentation de 10 ou 15 centimes au mètre carré, lorsque le front de travail est disposé de cette manière. La quantité d'action journalière de chaque ouvrier est notablement plus grande dans un cas que dans l'autre; dans l'un des charbonnages de Charleroy, où l'on a exploité successivement par tailles *de chassage* et par *tailles montantes*, l'avancement journalier de ces dernières surpassait, dans les mêmes conditions, de 0^m,20 celui des premières; donc, réaction directe sur le prix du mètre carré d'abattage, qui est plus élevé dans les tailles de chassage.

Une plus grande propreté des charbons s'obtient encore dans les tailles montantes, l'ouvrier pouvant facilement pousser derrière lui, suivant la pente, les parties schisteuses du havage; dans les tailles de chassage, ces parties stériles s'éparpillant sur le mur en glissant suivant la pente, rendent le triage plus difficile et la main-d'œuvre est encore augmentée par suite de ce que, la plupart du temps, elle doivent être jetées dans les remblais en montant. Il est vrai de dire que dans le premier cas, les charbons tendent à rouler dans ces remblais, et que l'on peut en perdre une partie; mais il est facile de se soustraire à cet inconvénient en dressant une planche le long de ceux-ci, et d'ailleurs l'emploi que l'on fait alors, ainsi que je vais le dire, d'une nouvelle catégorie de travailleurs, les *bouteurs*, dont on peut exiger beaucoup de soins, suffit seul, le plus souvent, pour prévenir cet effet.

A la première vue, les tailles de chassage paraissent avoir un avantage pour le *boutage* des charbons; mais cet avantage n'est pas réel, soit à cause de la faible inclinaison de la couche, soit par suite de la grande distance qui sépare les ouvriers (3^m,50 à 4 mètres), distance qui occasionne en outre une casse plus grande.

Dans le Borinage, un jeune ouvrier appelé *bouteur* est placé dans chaque taille pour aider les ouvriers à veine, cependant sa présence n'est pas nécessitée par la difficulté plus grande du *boutage*, mais elle est la conséquence de l'avancement journalier plus considérable de ces tailles. Le rapprochement des ouvriers, dislancés seulement de 2 mètres, annule, avec l'aide du bouteur, toutes les causes de casse du gros charbon.

Une différence bien marquée qui existe entre le Borinage et les bassins de Charleroy et de Liége, c'est que la largeur des tailles est bien plus grande dans ces dernières localités que dans la première ; cette circonstance influe considérablement sur le travail aux tailles, l'ouverture et l'entretien des galeries ; mais les considérations qui doivent faire ressortir ses effets s'appliquant également aux systèmes employés pour l'exploitation des fortes inclinaisons ; je ne les présenterai qu'après avoir traité de ces allures, et je me bornerai à dire ici que plus une taille a de largeur, plus les dépenses sont élevées ; et qu'ainsi, au point de vue économique, il y a avantage à réduire, autant que possible, cette largeur ; bien que celle-ci soit en partie dépendante de la quantité de terres que fournissent la veine et l'ouverture des galeries, elle ne doit donc pas moins attirer l'attention sérieuse de tout exploitant. Le système du Borinage présente, comme on le verra plus loin, tout avantage sous ce rapport, puisque les tailles n'y reçoivent guère que 14 mètres de largeur, tandis qu'à Charleroy et à Liége elles ont 16, 18, 20, 25 et même 30 mètres.

L'avancement de l'ouvrier borain est obtenu au moyen de 2 ou 3 havages successifs ; l'avancement moindre du mineur liégeois ou de Charleroy est produit par un seul havage. En accordant à ces ouvriers un salaire de fr. 3,50 et en prenant les chiffres qui indiquent d'après les résultats de l'expérience, les surfaces mises à nu par jour, en moyenne, par l'un et par les autres, savoir $4^{m2} = 2 \times 2$, d'une part, et $3^{m2},84 = 3,20 \times 1,20$; d'autre part, on trouve que le prix de revient du mètre carré des surfaces ainsi découvertes, est de fr. 0,87 au Borinage et de fr. 0,91 à Liége et à Charleroy.

Cette économie qui est dûe à la disposition des tailles et au mode de distribution des travailleurs sur les chantiers n'est pas la seule que l'on réalise au Couchant de Mons sur la main-d'œuvre, ainsi que je le prouverai plus loin.

La même organisation influe très avantageusement sur la proportion de grosse houille obtenue, ce qui s'explique si l'on tient compte qu'en faisant un seul havage de 1^m,10 et 1^m,20, l'ouvrier est obligé pour se placer, d'ouvrir dans la veine une assez grande entaille appelée *scordage* dans le bassin de Charleroy, tandis qu'en partageant son avancement en 2 ou 3 parties, cette entaille, dite *squintage* dans le Borinage, est moins importante et parfois nulle ; en outre l'avancement plus considérable permet à l'ouvrier d'atteindre, chaque jour, des parties qui n'ont pas subi l'influence de l'affaissement des terrains, qui se produit journellement, après l'enlèvement des charbons, contre le front de taille, ce qui est avantageux à un double point de vue, sous le rapport de la qualité du produit d'abord, et ensuite sous celui de l'entretien des galeries de niveau.

Examinons maintenant l'organisation du travail dans les deux cas, où l'ouvrier à la veine occupe 2 mètres de place, comme dans le Borinage, ou 3^m,50 et 4 mètres, comme à Charleroy et à Liége.

Dans le premier, la division de la taille par la voie amène aussi une division dans le travail ; quand on have d'un côté, on abat et on boute de l'autre, de sorte que le charbon est fourni plus régulièrement aux *scloneurs* ; par suite de cette disposition, il arrive presque toujours qu'on trouve le lendemain la première partie du travail d'abattage (havage) effectuée au *bois* ou au *parel*, ce qui permet de fournir du charbon en quantité suffisante dès le commencement du trait. De chaque côté de la taille, les ouvriers sont toujours occupés au même travail ; ils havent, déhouillent et boisent dans le même temps, et sont prêts à *bouter* leurs charbons ensemble, ce qui n'amène pas d'interruption dans le travail ; le peu de distance qui les sépare leur permet de se faire glisser facilement, de l'un à l'autre, les gros morceaux sans les jeter. Dans le second cas, on est obligé, pour arriver à la même régularité, de faire varier la largeur de la place qu'occupe chaque ouvrier en l'augmentant à mesure qu'il occupe un point plus élevé dans la taille ; de cette manière, l'ouvrier qui se trouve près de la voie a fini son havage le premier, alors il déhouille en montant ou *prend brèche* jusqu'à ce qu'il soit arrivé près du deuxième ouvrier qui continue la même opération jusqu'au troisième et ainsi de suite jusqu'à la partie supérieure. Les charbons se boutent sur la voie au fur et à mesure de l'arrachement, mais toujours du même côté.

La distance qui sépare les tailles, et qui, comme nous l'avons vu dans la première partie, présente, dans les différents groupes houillers de nombreuses différences, doit aussi être prise ici en considération, bien que son influence se fasse surtout sentir sur l'entretien des voies de transport et d'aérage comme nous le verrons plus loin; lorsque ces tailles se trouvent toutes sur la même ligne, ainsi que cela a lieu généralement dans le pays de Charleroy, les effets de la pression du terrain ne sont plus comme dans le Couchant de Mons où ces tailles sont distantes de 5 à 6 mètres seulement et forment des gradins, atténués d'intervalle en intervalle par des piliers ou points d'appui. L'affaissement plus grand qui a lieu dans le premier cas amène une espèce de broyement de la houille tout le long du front de taille; de là, une production de menu plus forte, qui influe tout naturellement sur la valeur totale de l'extraction. En outre on est obligé d'établir dans les tailles un étançonnage très-solide et d'apporter plus de soins aux remblais; on doit même, en certains cas, diminuer la distance à laisser entre ces derniers et la veine, mais cette diminution, tout en gênant l'ouvrier à la veine, au commencement de son travail, présente des inconvénients pour l'aérage. La distance de 5 à 6 mètres laissée entre les tailles au Couchant de Mons est convenable pour parer à ces inconvénients, mais on dépasse le but dans la province de Liége, lorsqu'on y laisse un intervalle beaucoup plus considérable entre les chantiers successifs, et l'on se met ainsi dans des conditions très défavorables sous le rapport de l'entretien des voies et de l'aérage.

§ 2.

Les dépenses pour l'ouverture des galeries dépendent, en général, dans l'un et l'autre des systèmes employés dans les différents bassins, de la nature des terrains à entailler au toit ou au mur, et également du mode de transport des produits; je sortirais peut-être du cadre qui m'est tracé si je recherchais ici l'influence de cette dernière cause, je ferai de cet examen l'objet d'un prochain travail comprenant la comparaison des divers moyens de transport et d'extraction employés dans nos bassins houillers. Le mode de transport étant en corrélation, en quelque sorte, avec le système d'exploitation employé, j'en ferai néanmoins dans le chapitre IX l'objet de quelques considérations générales qui n'auront toutefois rapport qu'au plus ou moins de capacité des vases de transport.

La disposition et l'état des voies et le mode de transport n'étant le plus souvent que des conséquences du système d'exploitation adopté, le choix de celui-là doit donc influer considérablement sur les dépenses dont il est ici question; dans les tailles de chassage, comme à Liége et à Charleroy, l'on ne profite pas de toute l'épaisseur de la veine, comme cela a lieu dans les tailles montantes du Couchant de Mons; aussi la quantité de terre produite par mètre courant est-elle plus considérable dans les premières localités que dans la dernière; le coupeur de voie est obligé de faire ce qu'il appelle *pied mur*, c'est-à-dire de remblayer un côté du mur ou d'entailler, de telle sorte qu'il puisse placer le chemin de de fer horizontalement. La main-d'œuvre déjà plus coûteuse de ce chef est encore augmentée par suite de ce que les terres doivent être conduites dans les tailles en montant, ce qui nécessite même l'emploi d'ouvriers remblayeurs supplémentaires. Ramenons toutes choses dans les mêmes conditions et examinons le prix de revient d'un mètre d'avancement dans chacun des cas en tenant compte également de l'augmentation dont est susceptible cet avancement dans les tailles montantes. Dans une taille de chassage dont l'avancement est de $1^m,20$, le coupage de voie nécessitera 3 ouvriers, dont 2 mineurs payés chacun à fr. 3,50 par jour, et un remblayeur à 2 francs; ces dépenses réparties sur l'avancement de $1^m,20$ indiqué donnent fr. 7,50 pour coût du mètre courant de voie; d'un autre côté, une même taille montante placée dans les mêmes conditions pourra être avancée de $1^m,40$ par jour, et néanmoins il suffira de deux mineurs pour faire le travail du coupage de voie, ce qui réduira à 5 francs le prix du mètre courant. J'observerai ici qu'au Couchant de Mons, par suite de la disposition des travaux, il y a rarement deux mineurs pour la même voie; le plus généralement il y a 5 ouvriers pour 2 voies et même parfois un seul ouvrier et un *releveur* de terres pour chaque voie. De plus, comme je l'ai dit au paragraphe précédent, le nombre peu considérable d'ouvriers employés dans chaque taille amène un avancement plus grand puisqu'il est de 2 mètres; il suffira cependant encore de 2 mineurs pour couper la voie, c'est-à-dire que le travail entier ne coûtera pas plus que lorsque l'avancement était de $1^m,40$.

La largeur des tailles influe aussi beaucoup sur les frais qu'occasionnent l'ouverture des galeries, mais je reviendrai sur ce sujet dans un autre chapitre.

§ 3.

L'entretien des galeries est une des questions principales de l'exploitation, et qui vient souvent grever le prix de revient, par une consommation de bois très élevée et par la main-d'œuvre extraordinaire nécessitée tant pour la réparation que pour le transport des terres qui doivent être *remenées*, la plupart du temps, à de longues distances et quelquefois même, extraites au jour.

D'abord, la voie principale de roulage devant être très solide, n'est pas en général appuyée contre le massif inférieur de la veine ou *ferme* le long duquel s'exercent les principaux effets de l'affaissement du toit de la coupe. Dans les bassins de Liége et de Mons, on a 3 ou 4 mètres de remblai en dessous de cette voie; à Charleroy, on conduit celle-ci avec une taille en défoncement de 12 ou 14 mètres, ce qui est plus avantageux et donne toute facilité pour loger, à peu de frais, les terres provenant de l'entretien de la voie et de son exhaussement pour le passage des chevaux, exhaussement qui s'établit quelque temps après l'ouverture de cette galerie, alors que la première et principale pression des terrains s'est produite.

Dans le bassin de Liége et dans les charbonnages de Charleroy où l'on emploie encore des grandes berlines pour le transport, les voies sont souvent ouvertes sur de grandes dimensions ; mais à moins que le toit ne soit de très bonne qualité, on est toujours obligé de *reprendre une brèche* quelque temps après, pour rétablir la voie dans ses dimensions primitives. Le système employé au Couchant de Mons permet de régler le travail d'exhaussement de la voie principale d'une manière assez avantageuse. Ce travail s'exécute après l'abandon des voies tiernes, de sorte que les terres qui en proviennent, sont remenées dans celles-ci.

Les dépenses résultant de cette remise de terre dans des voies montantes, sont, il est vrai, plus considérables qu'à Charleroy ; mais la taille en défoncement qui est en usage dans cette localité donne lieu à une augmentation de frais pour le travail supplémentaire consistant à ramener le charbon sur la voie principale. J'observerai encore, que le *remenage* des terres ne peut guère avoir lieu, avec le système de tailles de chassage, dans les parties supérieures de l'exploitation, à cause des nombreux plans inclinés que nécessite ce système.

Diminuer la durée des voies, c'est en général un moyen d'en diminuer les frais d'entretien ; sous ce rapport aussi tout est, relativement parlant, avantage dans le système du Couchant de Mons où l'on n'a à entretenir que la costresse inférieure et des parties de 100 mètres au plus des *costresses intermédiaires.*

Dans les bassins de Charleroy et de Liége, le système par tailles de chassage d'une largeur généralement plus grande et dont les avancements sont moindres, rend plus longue la durée de toutes les voies, et par suite beaucoup plus coûteux leur entretien dont les frais sont encore augmentés indirectement par la nécessité de déplacer de nombreux plans inclinés ou montées pour les reporter à travers les remblais vers le front de travail. D'un autre côté, une voie de niveau se dégrade bien plus facilement qu'une voie montante, car les effets de la pression des remblais supérieurs, qui tendent à glisser suivant l'inclinaison de la veine, se répartissent différemment et très inégalement sur ses parois. Plus l'inclinaison de la couche sera forte, plus aussi la taille sera large, plus ces effets seront marqués.

La manière dont s'effectue le remblai est aussi une question importante, et qui influe également sur l'entretien des galeries; il y a tout avantage à y apporter beaucoup de soins, car on diminuera ainsi les frais de boisage, et on assurera, si les autres conditions sont également favorables, un bon aérage de la mine; c'est ce qui engage les exploitants de Liége, à employer souvent dans chaque taille, un ouvrier spécial pour tasser convenablement les remblais. Dans le pays de Charleroy, lorsque la quantité de terre n'est pas suffisante, on monte dans les tailles des murs en pierres sèches et on laisse en arrière des espaces libres appelés *faux-piliers*. Cette disposition est certainement désavantageuse à l'aérage et à l'entretien des travaux. La pression du terrain se répartissant également sur chacune des parois des voies montantes, celles-ci se trouvent aussi sous ce rapport dans de meilleures conditions que les voies de niveau.

La disposition des tailles suivant une ligne droite, favorable à l'aérage, est aussi assez avantageuse sous le rapport de l'entretien des voies; mais une longue distance entre les chantiers successifs est bien préjudiciable à la solidité des galeries; au fur et à mesure que la taille supérieure avance, la voie inférieure s'affaisse en cédant à la pression qui se renouvelle par suite de l'enlèvement du massif; de plus, la partie qui forme le prolongement de cette voie et qui sert à l'aérage, exige aussi un entretien supplémentaire et tout particulier. Il convient donc de rapprocher le plus possible les tailles, en ne les mettant toutefois sur la même ligne que lorsque la solidité du toit de la couche le permet; au Couchant de Mons le *stot* laissé entre elles est, comme je l'ai déjà dit, de 5 à 6 mètres.

Dans le pays de Charleroy, où on enlève comme dans le Borinage, tout le massif, sur toute sa hauteur à la fois, on fait souvent servir de retour d'air l'ancienne voie de roulage de l'exploitation supérieure ; mais dans le Borinage, on établit une nouvelle voie pour l'aérage à 5 mètres au-dessous de l'ancienne exploitation ; les dépenses qu'occasionne cette voie se retrouvent amplement dans la diminution des frais d'entretien ; de plus on se dispense de couper la voie des tailles montantes sur ces 5 derniers mètres.

§ 4.

Dans la première partie de ce travail, j'ai décrit les deux systèmes d'exploitation suivis dans le district houiller du Centre du Hainaut ; l'un de ces systèmes, ne diffère guère de celui qui est adopté au Couchant de Mons pour l'exploitation des mêmes allures, et ce qui a été dit dans les paragraphes précédents peut s'y appliquer ; le second, qu'on remplace presque partout par le premier, fera l'objet des considérations suivantes.

Deux points le distinguent parfaitement de tous les autres ; c'est, d'une part, l'établissement des travaux d'exploitation directement à la limite du massif que l'on enlève ensuite en revenant vers le puits ; c'est, d'autre part, l'isolement de chaque chantier d'abattage, et comme conséquence, l'exploitation simultanée de plusieurs corps de veines ; bien que le chiffre de production journalière ne semble pas nécessiter cette disposition.

Cette exploitation en retour a lieu tantôt par tailles de chassage et tantôt par tailles montantes, mais l'établissement des voies de service de ces dernières étant très coûteux, on accorde presque toujours la préférence aux premiers principes qui m'ont guidé dans les considérations qui précèdent et qui trouveront encore ici leur application. Dans le bassin du Centre, les joints de clivage sont parfaitement marqués et l'exploitant comprenant l'avantage qu'il peut en retirer, cherche toujours à disposer les tailles de manière qu'elles facilitent l'abattage. A cette fin et lors même d'une exploitation par costresse, il pousse, s'il est nécessaire, la partie inférieure de la taille en avant pour pouvoir enlever ensuite le reste en montant. L'irrégularité de ce mode de travail est un inconvénient que l'on ne peut se dispenser de signaler.

Les dimensions habituellement assez grandes de ces tailles et la longue distance qui les sépare, lorsqu'on en tient deux ou trois en activité sur le même point, nuisent beaucoup à l'entretien des voies, et d'autant plus que les voies longent le ferme par l'une de leur parois, et que, lorsqu'il s'agit des tailles montantes, il faut leur donner une assez grande largeur pour pouvoir y établir des plans automoteurs.

En portant directement l'exploitation à la limite extrême du massif à enlever, on a pour but de se soustraire aux inconvénients que présente le peu de solidité du terrain ; mais ce but n'a pas été atteint et l'on a même eu assez fréquemment des éboulements aux tailles, ce qui peut facilement s'expliquer par le peu de soins qu'on prenait du remblai de celles-ci, sans avoir besoin d'attribuer ces accidents, du moins pour la plupart des cas, à la mauvaise nature du terrain.

Si ce système d'exploitation ne peut même remplir le but qu'on s'était proposé en l'adoptant, il n'est pas surprenant qu'on l'abandonne généralement, car il est certain qu'il est désavantageux sous tous les autres rapports.

L'établissement des chantiers nécessite de longs travaux préparatoires ; leur multiplication et leur isolement entraînent des frais considérables que l'on évite en concentrant les travaux et en les disposant d'après la méthode usitée au Couchant de Mons.

L'aérage de ces exploitations laisse beaucoup à désirer, et il n'en peut être autrement à cause du grand éloignement des chantiers et de leur grand nombre ; on sait cependant combien est nécessaire une ventilation efficace pour rendre une exploitation aussi fructueuse que possible.

Sous quelque point de vue qu'on la considère, cette méthode d'exploitation ne présente que des désavantages quand on la compare à celle qui tend à la remplacer généralement ; je crois donc pouvoir me dispenser de m'en occuper plus longuement.

§ 5.

On vient de voir que si l'on identifie par la pensée les conditions dans lesquelles se trouvent toutes nos exploitations de couches de houille en plateur, les plus grands avantages, au point de vue économique, sont obtenus par le système du Couchant de Mons, dit du Flénu ; avant d'examiner la question de savoir si cette méthode d'exploitation peut être ou non généralisée, j'indiquerai brièvement les conditions spéciales dans lesquelles se trouve le Couchant de Mons, conditions qui, je dois l'avouer, peuvent être en partie le résultat de l'application de ce mode d'opérer.

D'abord, la population ouvrière est, dans le Borinage, tout attachée à l'exploitation ; d'autres industries, et principalement la métallurgie, ne l'occupent pas en majeure partie, comme dans le bassin de Liége et à Charleroy, ce qui rend la main-d'œuvre beaucoup plus chère dans ces dernières localités. L'exploitant du Couchant de Mons doit céder quelquefois aux justes exigences de l'ouvrier, mais les cas où celui-ci peut élever ses prétentions sont bien plus fréquentes à Liége et à Charleroy.

L'ouvrier borain s'appliquant spécialement à l'industrie des mines est plus charbonnier que tous les autres ; il y a chez lui des aptitudes pour toutes les catégories de travail ; on peut donc régler convenablement le nombre de celles-ci et appliquer à chacune d'elles les individus présentant les meilleures garanties pour la bonne exécution de la besogne ; il y a en outre solidarité entre toutes les classes de travailleurs qui sont ainsi intéressées à se surveiller et à se stimuler réciproquement.

La catégorie d'ouvriers nécessaire pour effectuer le transport sur les voies de service, souvent assez inclinées des tailles montantes est, on le pense bien, toute formée dans le Couchant de Mons et, on le comprend bien aussi, un certain temps sera nécessaire pour arriver au même résultat dans toute nouvelle localité où l'on voudra introduire ce système.

Le Couchant de Mons présente un grand nombre de veines pres-

que toutes exploitables, accompagnées en général de terrains assez
bons ; leurs produits sont d'une qualité spéciale, surtout ceux du
Flénu ; les nombreux débouchés ouverts à ces produits permettent de donner aux exploitations, le développement que comporte
le système employé. Dans les grandes platteurs et principalement
dans celles du Flénu, aucun dégagement de gaz inflammable ne
vient s'opposer à l'établissement des travaux sur une grande
échelle, ni à leur concentration, conditions nécessaires, comme on
le sait, pour rendre une exploitation aussi fructueuse que possible.

Les conditions spéciales des autres districts houillers sont-elles
de nature à y favoriser ou à y empêcher l'introduction de ce système? je vais tâcher de résoudre cette question sur laquelle mon
attention a été appelée.

Il n'est pas douteux que, sous le rapport du personnel comme
sous celui des débouchés et même du gisement, ces districts, la
province de Liége surtout, soient beaucoup moins favorisés que
le Flénu, et que, par suite, on ne puisse arriver à imprimer aux
exploitations une activité régulière, tout en leur donnant le développement qu'elles ont acquis dans cette dernière localité; ce
serait surtout dans les mines à grisou que les difficultés seraient
grandes si l'on s'y proposait une semblable concentration des
travaux faits sur une grande échelle. Cependant, on doit remarquer que la faculté de développer facilement et considérablement
une exploitation constitue un des avantages de la méthode du
Flénu, mais que ce développement n'est pas absolument une
nécessité; que d'ailleurs on peut à la longue changer les habi-
tudes des ouvriers et que des débouchés aujourd'hui restreints
sont susceptibles d'extension; extension qui résulterait, du reste,
d'une production à meilleur marché par suite de l'adoption de
moyens plus perfectionnés. Si Liége et Charleroy sont moins
favorisés que le Couchant de Mons sous les rapports préindiqués,
c'est une raison de plus pour engager les exploitants de ces districts à chercher à niveler pour ainsi dire les conditions, et un
des moyens d'y arriver serait certainement l'adoption du système
du Flénu pour l'exploitation des platteurs régulières et suffisamment étendues.

CHAPITRE VI.

Exploitation des platteurs fortement inclinées.

Comme on l'a vu dans la première partie, l'exploitation de ces allures n'offre pas de grandes différences avec celle des platteurs proprement dites; les considérations appliquées à celles-ci seront donc applicables à celles-là; je pourrai, par conséquent, me dispenser d'entrer dans de longs développements dans ce chapitre.

§ 1.

Dans le bassin du Couchant de Mons, l'exploitation des platteurs fortement inclinées a lieu tantôt par tailles montantes et tantôt par tailles *sur quartiers* ou *demi tiernes*. Les avantages précités du mode d'exploitation des platteurs faiblement inclinés diminuent dans ces deux cas. Dans le premier, toutes les voies sont disposées pour servir de plans inclinés et munies de poulies-freins, qui s'avancent journellement avec la taille; ces plans inclinés devant recevoir une double voie ferrée nécessitent des voies de grandes dimensions, ce qui occasionne des dépenses plus élevées pour l'ouverture des galeries et forcent souvent à augmenter la largeur des tailles afin de pouvoir y remettre toutes les terres provenant du coupage de voies, augmentation qui est nuisible à plusieurs égards. La division du massif se fait encore par des costresses intermédiaires et les voies restent à peu près dans les mêmes conditions sous le rapport de la durée et de l'entretien; si la main-d'œuvre est plus coûteuse sur certains points, elle l'est moins sur d'autres; car les frais de service des plans automoteurs sont inférieurs à ceux qu'occasionnerait le transport par hommes sur ces voies supposées peu inclinées. En outre, s'il est vrai qu'en général une grande largeur de taille est désavantageuse, il n'en résulte pas qu'à certains égards elle n'offre des avantages ; c'est ainsi, par exemple, qu'elle permet, en augmentant la production d'un seul chantier, de mieux utiliser certaines catégories d'ouvriers, tels que les chargeurs aux tailles, les conducteurs de freins, etc.

Le système, par voies montantes, présente des inconvénients pour l'aérage, en ce sens qu'une partie du courant d'air suit les voies tiernes et ne passe pas sur les fronts de tailles inférieures ; si la couche dégage du grisou, on peut être obligé de restreindre considérablement, pour ce motif, le développement des travaux.

On a cherché à parer à cet inconvénient, en prenant en dessous de la voie de niveau principale une taille de 12 mètres environ de hauteur ; la voie qui dessert cette taille, sert alors à conduire le courant d'air avec plus de régularité en évitant toute communication avec les voies tiernes. M. Delsaux, directeur de l'un des principaux charbonnages du Couchant de Mons, a imaginé une autre disposition : les voies montantes ne partent pas directement de la costresse inférieure, mais d'une autre voie de niveau menée à 8 mètres environ au-dessus de cette costresse. Ces deux voies de niveau sont mises en communication par une petite galerie inclinée qui se reporte vers les fronts de tailles, au fur et à mesure que le transport par chevaux avance, transport qui a toujours lieu sur la voie inférieure. Le courant d'air parcourt cette dernière sans subir de trop grandes pertes par les voies montantes.

On a reproché à la première de ces dispositions de ne favoriser les ouvriers à la veine, qu'en nuisant aux autres catégories de travailleurs, ce qui l'a fait abandonner.

Les tailles *prises sur quartier* sont certainement moins avantageuses que les tailles montantes marchant *franc tierne;* mais elles sont plus favorables que celles que l'on avance suivant la direction de la couche, car l'ouvrier profite encore en grande partie des joints de clivage. Les dépenses en ouverture de gale-

rie, n'y sont pas augmentées par des coupages de voie extra-
ordinaires, la largeur des tailles peut être réglée plus convenablement, et l'entretien des travaux ne devient pas plus coûteux,
parce que l'on a soin de rapprocher les costresses intermédiaires,
de manière à ne pas donner, malgré leur direction oblique, plus
de durée aux voies demi tiernes qu'aux voies montantes. Dans
ce système, on change la position de la voie qui est ramenée à
la partie inférieure de la taille ; cette condition jointe à l'inclinaison acquise par celle-ci rend le travail de l'ouverture des galeries plus dispendieux, il est vrai, mais l'augmentation de frais
est peu importante car la taille n'ayant pas une grande hauteur
ne nécessite pas un personnel de *restapleurs* aussi nombreux
que dans les grandes tailles de Charleroy et de Liége. En outre,
dans ce cas, on remet toujours en descendant une partie des
terres du coupage de voie. Les chantiers sont placés suivant une
même ligne droite ; cette circonstance est très avantageuse à
l'aérage, et elle permet de tenir en activité un grand nombre de
tailles lors même qu'il y a dégagement de grisou. Il est inutile
d'insister sur les autres avantages qu'offre cette concentration
des travaux lorsqu'elle est possible.

Cependant ces tailles, dites *à l' droite combe*, présentent
plusieurs inconvénients. D'abord, l'organisation du travail que
j'ai indiquée plus haut comme étant assez avantageuse, y est complétement changée par suite de la position de la voie à l'extrémité
de la taille ; les ouvriers ne peuvent plus faire qu'un havage, la
production diminue, l'on rentre alors à peu près dans les conditions des tailles de chassage ; l'ouverture et l'entretien des galeries
nécessitent donc de plus grandes dépenses ; on est obligé, pour
ne pas donner aux voies une trop longue durée, de rapprocher
les costresses intermédiaires, ce qui amène souvent la nécessité
d'en ouvrir une de plus ; aussi cherche-t-on, dans beaucoup de
charbonnages, à éviter cette disposition en donnant une plus forte
inclinaison aux voies, et en diminuant celle de la taille, afin de
pouvoir laisser à celle-ci quelques mètres de *parel* et arriver à
une organisation du travail semblable à celle des tailles marchant

franc tierne. Quoiqu'on soit obligé d'adjoindre des *pousseurs* aux *scloneurs*, lorsque ces voies plus inclinées arrivent à une certaine hauteur, il y a économie sensible sur la dépense de la plupart des catégories de travail.

§ 2.

Dans le bassin de Charleroy, le système par tailles de chassage qui est adopté pour l'exploitation des platteurs faiblement inclinées est appliqué aussi à celle des platteurs fortement inclinées; les désavantages inhérents à ce système, sont même augmentés par la plus grande largeur que l'on donne aux tailles dans plusieurs parties de ce bassin où le développement des travaux par plusieurs ateliers d'abatage est empêché à cause des difficultés d'aérage ; cette augmentation de la taille nécessitant l'emploi d'un plus grand nombre d'ouvriers pour faire monter les terres suivant une inclinaison très forte, entraîne à de plus grandes dépenses pour l'ouverture des galeries.

Le système, par tailles montantes, qui est employé parfois à Charleroy, lorsque l'inclinaison permet au charbon de glisser, jusque sur la voie inférieure, dans des espèces de cheminées laissées dans les remblais, est assez économique, puisque l'on profite ainsi de tous les avantages des tailles montantes pour le travail d'abatage, tout en réduisant les dépenses d'ouverture des galeries aux frais que nécessite l'établissement des cheminées; l'entretien de celles-ci n'est pas coûteux non plus, si elles ne doivent pas être portées à une trop grande hauteur. La largeur des tailles peut être convenablement réduite, mais la grande distance qu'on laisse entre elles est nuisible à l'aérage dont l'activité sur les fronts de travail est encore diminuée par suite des pertes que subit le courant en s'écoulant en partie par les cheminées.

§ 3.

Dans le bassin de Liége, l'exploitation des fortes inclinaisons se faisant aussi par tailles de chassage, de grande largeur, tout ce

4

que nous venons de dire s'y rapporte ; je ne m'arrêterai en conséquence que sur la particularité du transport des charbons dans
les tailles mêmes, au moyen de petits traîneaux ; il est vrai que
par ce moyen, les ouvriers n'ayant plus à s'occuper autant du
boutage des charbons, peuvent faire plus de travail, mais ce sup-
plément n'est guère suffisant pour compenser les dépenses qu'entraîne le transport ; car on est obligé d'employer de forts traîneurs
lorsque la pente est un peu forte, ce qui augmente beaucoup les
dépenses sans diminuer les chances de casse de la houille, car le
chargement et le culbutage des traîneaux sur la voie et le rechar-
gement dans les berlines, occasionnent bien autant de bris que le
boutage à la pelle ; d'un autre côté, pour que ce transport puisse
s'effectuer dans la taille, sans gêner les ouvriers à veine, il faut
laisser un espace beaucoup plus grand entre les remblais et la
veine ; conséquemment un boisage plus solide est nécessaire pour
prévenir l'affaissement du toit ; aussi il est néanmoins toujours
insuffisant pour empêcher l'écrasement partiel de la houille, d'où
une proportion plus forte de menu ; enfin cette disposition nuit
aussi à l'aérage.

CHAPITRE VII.

Considérations générales relatives aux deux chapitres précédents.

Dans tout ce qui précède, j'ai toujours attribué à la largeur des tailles une grande influence sur les résultats de l'exploitation ; cette question commune aux exploitations des platteurs, quelqu'en soit l'inclinaison, pouvant être considérée comme principale, je crois devoir en faire ici l'objet d'un examen spécial.

En général, pour régler la largeur des tailles, on se base sur la puissance de la veine, et sur la quantité de terres qu'elle renferme et qui seront séparées de la houille, lors de l'abatage ; on regarde comme condition essentielle, que toutes les terres provenant de la veine et du coupage de la voie, puissent être remises dans la taille pour remplacer le plus parfaitement possible le charbon enlevé.

Mais dans toute exploitation, on doit tenir compte aussi de l'influence que peut exercer et qu'exerce réellement la hauteur des tailles sur les dépenses générales, et rechercher les moyens de ne pas se trouver, sous ce rapport, dans des conditions trop défavorables tout en se conformant à la règle précitée.

L'influence de la largeur des tailles se fait en première ligne fortement sentir sur le travail d'abatage et l'ouverture des galeries.

Plus une taille a de hauteur, moins l'ouvrier à veine fait de travail ; la surface enlevée diminue donc alors que la hauteur de la taille augmente ; et en effet le boutage est d'autant plus pénible, exige d'autant plus de temps, que la taille est plus grande. Dans un espace de temps même comparativement plus long, l'ouvrier fera un avancement moindre dans une grande taille, et on est par conséquent obligé d'augmenter le prix du mètre carré d'abatage. Lorsque les tailles atteignent une hauteur de 20 à 25 mètres, l'emploi des bouteurs devient nécessaire, sans cependant améliorer les conditions de l'ouvrier qui ne fournit pas une somme de travail comparativement plus importante; le prix du mètre carré s'augmente donc encore des dépenses causées par ce boutage supplémentaire. La disposition du travail, dans la plupart des charbonnages de Charleroy, amène forcément l'emploi du bouteur; pour avoir du charbon dès le commencement *du trait*, on fait venir de très bonne heure les deux ouvriers de la partie inférieure de la taille; en ce cas, le boutage des charbons est plus difficile pour les autres ouvriers et nécessite l'emploi d'un bouteur supplémentaire.

Pour faire ressortir cette influence, citons des chiffres; prenons 5 tailles dont la largeur varie de 12 à 25 mètres; supposons toutes ces tailles placées dans des conditions semblables; la disposition par grandes tailles, étant particulière aux bassins de Liége et de Charleroy, nous prendrons pour base du nombre d'ouvriers employés dans chaque taille, la largeur de la place assignée à chaque ouvrier dans ces deux localités. Dans une taille de 12 mètres, 4 ouvriers feront un avancement journalier de $1^m,40$; si nous prenons une taille de 16 mètres où se trouvent 5 ouvriers, l'avancement sera réduit à $1^m,10$; dans les tailles de 20, 23 et 25 mètres de largeur, où seront occupés 6, 7 et 8 ouvriers, l'avancement ne sera plus que d'un mètre. Je dois dire que ces chiffres qui expriment l'avancement ne sont pas indiqués arbitrairement, mais sont le résultat de nombreuses observations.

Nous pouvons donc dresser, d'après ces données, le tableau suivant, indiquant le prix du mètre carré d'abatage dans les conditions précitées.

N.os d'Ordre.	Hauteur des tailles.	Avancem.t journalier.	NOMBRE de mètres carrés.		OUVRIERS EMPLOYÉS.				TOTAL des dépenses.	PRIX de revient du mètre carré.	OBSERVATIONS.
			En total.	Par ouvrier à la veine.	Mineurs.	Prix.	Bouteurs	Prix.			
	M.	M. C.	M. C.	M. C.		FR. C.		FR. C.	FR. C.	FR. C.	
1	12	1 40	16 80	4 20	4	5 50	»	» »	14 00	0 85	Je dois faire remarquer
2	16	1 10	17 60	5 50	5	» »	»	» »	17 50	0 99	que l'avancement moindre
3	20	1 00	20 00	5 55	6	» »	2	2 00	25 00	1 25	obtenu dans les grandes tail-
4	25	1 00	25 00	5 28	7	» »	2	2 25	29 00	1 27	les nécessite même une jour-
5	25	1 00	25 00	5 12	8	» »	3	2 00	54 00	1 56	née plus longue.

Le simple examen de ce tableau suffit pour s'assurer de l'influence qu'exerce sur une exploitation la largeur donnée aux ateliers d'abatage ; d'abord on remarque que la somme de travail utile, fournie par l'ouvrier à la veine, diminue sensiblement, au fur et à mesure que la taille augmente ; et encore malgré cette diminution, l'ouvrier occupera-t-il plus de temps dans une taille d'une grande dimension, pour faire un mètre d'avancement, que pour faire 1^m,20 et 1^m,40 dans une plus petite taille. Par suite, le prix de revient du mètre carré augmente d'une manière très sensible, selon la hauteur de la taille, et cette observation est importante puisque le travail aux tailles entre, pour une large part, dans le prix de revient général de l'exploitation.

Nous ferons voir par un tableau du même genre que le prix du mètre courant, de coupage de voies, s'élève dans une proportion plus forte encore par suite de l'emploi de grandes tailles ; il est certain que deux ouvriers mineurs feront le travail, aussi bien lorsque la taille avancera de 1^m,40 que lorsqu'elle n'avancera que d'un mètre.

Voici ce tableau qui montre que cet accroissement du prix de revient est principalement dû au nombre plus grand de remblayeurs qu'il faut lorsque la hauteur de la taille augmente.

N.os d'Ordre.	Hauteur des tailles.	Avancement journalier.	OUVRIERS NÉCESSAIRES.				TOTAL des dépenses.	PRIX de revient du mètre courant de coupage de voies.	OBSERVATIONS.
			Mineurs.	Prix.	Rem-blayeurs.	Prix.			
	M.	M. C.		FR. C.		FR. C.	FR. C.	FR. C.	
1	12	1 40	2	3 30	»	» »	7 00	5 00	Ces résultats varieraient
2	16	1 10	2	3 50	1	1 80	8 80	8 00	encore beaucoup , si l'on
3	20	1 00	2	3 25	2	1 80	10 10	10 10	tenait compte des différents
4	25	1 00	2	3 25	3	1 80	11 90	11 90	modes de transport.
5	25	1 00	2	3 25	5	2 00	12 50	12 50	

En considérant isolément les résultats obtenus et indiqués dans ce tableau, on voit que le prix du mètre courant d'ouverture de galerie est d'autant plus élevé que la hauteur de la taille est plus grande; mais en tenant compte des dépenses qu'occasionnent les voies de toute une exploitation, on trouve, surtout si les travaux sont établis sur une grande échelle, que l'augmentation est beaucoup réduite par la nécessité où l'on serait de pratiquer quelques voies de plus dans le cas de petites tailles.

Dans ce qui précède, nous avons eu uniquement en vue les tailles de chassage; si, dans ce mode d'exploitation, une moindre largeur de la taille est avantageuse, à plus forte raison le sera-t-elle pour les tailles montantes du Couchant de Mons; aussi, ne porte-t-on dans cette localité qu'exceptionnellement la largeur des ateliers d'abatage au-dessus de 14 ou 16 mètres.

Ainsi que je l'ai dit plus haut, la largeur des tailles ne peut être fixée arbitrairement, car la quantité de terre provenant de la veine même et du coupage de voie et qui sert au remblai, doit être prise en grande considération.

En effet, si ces tailles étaient trop petites, le transport de terres, sur d'autres points de l'exploitation, ou leur extraction au jour, entraînerait à des dépenses considérables qui élèveraient le prix de revient; mais de trop grandes tailles présentent des inconvénients plus graves encore, surtout à Charleroy et à Liége, où le remenage des terres se fait plus difficilement à cause des nombreux plans inclinés que nécessite le système qui y est adopté.

Souvent alors le manque de terres fait laisser dans les remblais une partie de menu charbon, et la perte subie de ce chef seul est tellement considérable, que je l'estime, d'après de nombreuses observations, et moyennement, à deux centimes à l'hectolitre.

A Charleroy, lorsque les terres font défaut, on laisse dans le remblai, pour éviter d'y mettre trop de fin charbon, des espaces libres appelés *faux piliers*. Tout en causant des dépenses plus grandes, par les terres que l'on doit souvent abattre dans la taille, ces vides présentent encore l'inconvénient qu'ils peuvent servir de réservoir pour le gaz hydrogène carboné ; en outre, cette non-compacité des remblais, sur toute l'étendue de la taille, permet un affaissement plus grand des terrains, et le boisage des voies ne peut résister à cette poussée.

La quantité de terres provenant de la veine est indépendante de tout mode de travail ; on ne peut augmenter ni diminuer les parties schisteuses ou terreuses qui accompagnent la veine, et qui font, en quelque sorte, corps avec elle, de manière à se détacher en même temps que le charbon, lors du déhouillage. Mais il en est autrement des terres provenant de l'ouverture des galeries ; ainsi en premier lieu, il est reconnu en pratique, comme je l'ai déjà fait observer plus haut, que le coupage d'une voie de niveau placée dans les mêmes conditions qu'une voie montante, fournira une quantité de terres plus grande que celle-ci, et on peut estimer que l'augmentation sera au moins d'un tiers ; en second lieu, il faut remarquer qu'il y a une certaine corrélation entre le système d'exploitation et ce mode de transport ; à Liége et à Charleroy, l'emploi des grandes tailles a pour conséquences celui de wagons de 7 à 8 hectolitres, qui nécessitent des voies plus grandes, d'où une plus grande production de terres. Je rechercherai dans un autre chapitre, quel genre de relation il existe entre le système d'exploitation et la capacité des voies servant au transport ; je me bornerai à dire ici que l'abandon que l'on a fait des grands chariots dans plusieurs grandes exploitations y a amené une diminution sensible du prix de revient.

Les grandes tailles influent de différentes manières sur la production ; d'abord, elles ne permettent pas de faire des extractions aussi fortes, car le travail utile de l'ouvrier, c'est-à-dire la quantité de houille qu'il abat dans sa journée est moindre. L'ouvrier à veine doit, en effet, consacrer une partie de son temps au boutage du charbon, et la perte de temps qui en résulte est d'autant plus notable que la taille est plus grande, qu'il y a moins d'ouvriers occupés dans un espace donné, et enfin, que l'inclinaison de la couche est plus faible. On peut estimer que dans les conditions où se trouvent les mineurs de Liége et de Charleroy, cette perte est d'environ un tiers si l'inclinaison de la couche est faible, et d'un cinquième si elle dépasse 25 degrés. En second lieu, les grandes tailles occasionnent une casse plus grande des charbons, d'autant plus considérable aussi que l'inclinaison de la veine est plus forte ; la moindre proportion de gros qui en résulte amène une baisse dans le prix de vente.

Un exemple montrera quelle peut être l'influence de la hauteur des tailles : une couche de $0^m,80$ de puissance, ne donnant ni trop ni trop peu de terre, peut être exploitée convenablement avec des tailles de 14 à 16 mètres de hauteur, tandis qu'à Liége et à Charleroy, ces tailles recevront la plupart du temps 18 et 20 mètres. Supposons un massif de 120 mètres exploité d'un côté par 8 tailles de 15 mètres de large, et où, par conséquent, 8 voies sont ouvertes ; et d'un autre côté par 6 tailles de 20 mètres ne nécessitant que 6 voies. En basant nos calculs sur les résultats des deux tableaux précédents (n.os 2 et 3), on trouve, en admettant le même rendement par mètre carré de chaque côté, une différence de prix de revient égale à fr. 0,02,66 en faveur des tailles de 15 mètres.

Pour procéder avec exactitude, nous devons encore tenir compte de la quantité de menu charbon qui reste la plupart du temps dans les remblais des tailles de 20 mètres ; l'influence de cette cause est telle, comme nous l'avons vu plus haut, que l'avantage ci-dessus indiqué sera presque doublé ; observons encore que l'économie ainsi réalisée sera faite sur deux catégories de travail seulement, l'abatage de la houille et le coupage des voies, celle que l'on fera sur l'entretien des galeries s'y ajoutera ; en outre, les tailles avançant plus rapidement, le champ s'épuisant plus vite, le bénéfice étant par conséquent réalisé plustôt, tout cela réuni donnera une idée des avantages inhérents à l'emploi des petites tailles. Disons, avant d'abandonner ce sujet, que la richesse d'une houillère ne repose pas sur sa durée, il faut en envisager la valeur sous un autre point de vue ; ainsi un charbonnage produisant 1,500,000 hectolitres par an, pendant 20 ans, donne un meilleur résultat final qu'un autre ne produisant que 1,000,000 d'hectolitres pendant 50 ans, lors même que dans ce dernier cas les opérations amèneraient un bénéfice de 40 centimes à l'hectolitre et seulement 55 centimes dans l'autre cas ; tout industriel sait fort bien que les dix années supplémentaires pendant lesquelles le capital reste engagé, ont une influence défavorable sur le résultat général de l'exploitation.

Avant de terminer ces considérations générales, je m'arrêterai un instant sur la question du transport des terres, d'une partie de l'exploitation où elles sont trop abondantes, vers d'autres parties où elles font défaut. Ce cas se présente fréquemment dans les houillères de Liége, où on évite l'extraction de ces terres au jour, la grande largeur des tailles et la nécessité de serrer fortement les remblais, à cause du dégagement de grisou, sont les causes déterminantes de ce transport. Certes, on doit éviter, autant que possible, dans toute exploitation, de devoir tirer les terres au jour, mais il ne faut pas, pour atteindre son but, augmenter démesurément la largeur des tailles, ni organiser le transport intérieur de ces matières sur un trop long parcours ; toutes conditions étant à peu près égales, il vaut mieux ne pas les extraire de la mine ; mais du moment où le parcours est tel que le prix de transport d'un mètre cube de terre est supérieur à celui de son extraction au jour, il faut adopter cette dernière mesure. Il y a alors économie sensible à acheter, pour y faire des dépôts, une partie de terrain voisine du siége d'exploitation, malgré le prix assez élevé qu'ont les propriétés dans nos contrées industrielles. La fabrication de briques, qu'on peut souvent établir dans ce terrain, peut se compter en déduction du prix d'achat.

La prompte exécution des travaux préparatoires est très favorisée par l'extraction des terres de la mine et la possibilité d'exploiter avantageusement des veines trop peu puissantes, ainsi qu'on le fait au Borinage, tient principalement à ce mode de procéder, ainsi qu'à l'emploi de petits chariots.

§ 2.

Il y a une organisation particulière du travail des tailles que j'ai passée sous silence dans ce qui précède et que l'on rencontre cependant dans toutes nos mines, mais seulement dans des circonstances exceptionnelles. Le principe de la division du travail y est plus étendu ; deux postes, l'un de nuit, l'autre de jour, sont respectivement chargés du havage et de l'abatage; les ouvriers du premier appelés *haveurs* ou *rappréteurs*, au nombre de 5 ou 6 suivant la hauteur de la taille, exécutent leur travail dans le toit de la veine, en laissant celle-ci intacte ; les ouvriers du poste de jour, au nombre de 2, appelés *faiseurs de layes*, *abatteurs* ou *desbroqueurs*, enlèvent la veine sur toute la partie découverte par les précédents et poussent les charbons sur la voie, c'est-à-dire jusqu'au point de chargement des chariots.

Ce mode de travail appelé *travail à grand corps* au Couchant de Mons, est suivi lorsque les conditions de composition et d'encaissement de la couche s'y prêtant, l'expérience prouve qu'il présente des avantages relativement à l'autre manière d'opérer.

Ainsi, par exemple, quand la veine acquiert une très grande dureté et se trouve recouverte d'un banc de schiste peu solide et d'une épaisseur assez faible pour pouvoir être remis dans la taille, ou bien quand elle n'est séparée d'une autre petite veine (*layette* ou *veiniat*) que par un banc ou lit de peu d'épaisseur, le travail par *haveurs* et *abatteurs* pourra être économique. Pour le démontrer, supposons une taille de 16 mètres placée dans l'une ou l'autre de ces conditions, et voyons quels seront les résultats possible du travail à *petit corps* et du travail à *grand corps*. Que l'opération se pratique à Liége, à Charleroy ou à Mons, ou, en d'autres termes, de quelque manière que soit disposée la taille, il est certain que, dans ces conditions, l'avancement obtenu par l'application de la méthode ordinaire serait considérablement réduit, soit, par exemple, de 1ᵐ,20 à 0ᵐ,70. Si 5 ouvriers sont occupés à la taille, la surface découverte par chacun d'eux sera de 2^{m2},52. Par l'autre méthode il faudra 5 haveurs de nuit et 2 abatteurs de jour, mais l'avancement pourra être de 1^m,20 et chaque ouvrier aura mis à nu une surface de 2^{m2},74.

Une différence analogue se constatera dans les frais d'ouverture des galeries ; dans le premier cas, un mineur à fr. 5,50 et un aide à fr. 2,00 seront occupés au coupage de la voie, pour un avancement de 0^m,70, tandis que, dans le second, 2 ouvriers mineurs à fr. 5,50 feront l'avancement de 1^m,20 ; le prix du mètre courant sera donc, d'une part, de fr. 7,85 et de fr. 5,84 de l'autre. Quoique je fasse entrer dans ces calculs, les dépenses d'ouverture de galerie, il arrive souvent qu'elles sont très réduites dans la seconde manière d'opérer par suite de la possibilité de faire exécuter le travail par l'ouvrier à la veine.

Nous avons vu plus haut que, par l'emploi de *haveurs*, le travail utile de l'ouvrier à la veine était plus élevé, donc augmentation de production et par suite réduction sur tous les frais d'extraction ; remarquons en outre que la valeur du produit sera accrue : 1° par le rendement plus fort en gros charbon obtenu par ce mode de travail qui laisse de toute manière la veine intacte et permet de profiter complétement des joints de clivage, et 2° par la plus grande propreté des charbons, amenée par l'abatage de la houille qui est tout à fait indépendant de celui des terres.

Les avantages de ce mode de travail ne peuvent donc être mis en doute ; mais comme je l'ai dit plus haut, ils ne peuvent être obtenus que dans des conditions exceptionnelles que l'on ne pourrait préciser ; le directeur des travaux en fera l'application lorsqu'elle sera possible sans la substituer à la méthode ordinaire lorsque l'abattage de la houille peut se faire nettement, régulièrement et complétement par celle-ci.

CHAPITRE VIII.

Exploitation des dressants.

Dans un premier paragraphe je comparerai les tailles droites aux gradins ; dans un second, mon attention se portera sur les différences que l'on remarque entre les gradins dans les divers groupes d'exploitation.

§ 1.

L'échafaudage étagé sur lequel se trouvent les ouvriers des tailles droites met ceux-ci dans une situation désavantageuse et dangereuse, en ce sens surtout que ceux qui occupent les étages inférieurs seraient facilement victimes des accidents qui peuvent résulter de l'imprévoyance ou de l'incapacité de leurs compagnons de travail placés dans des régions plus élevées ; en isolant les ouvriers, la disposition de la taille par gradins présente donc sous ce rapport des avantages manifestes. La distance que l'on est obligé de laisser entre les remblais et la veine, pour livrer passage au courant d'air et pour loger l'échafaudage, jointe à la grande hauteur du front de travail nécessite un boisage très solide des tailles droites ; le remblai de celles-ci ne peut se faire qu'imparfaitement ; l'ouvrier emploie beaucoup de temps et éprouve une grande difficulté pour rejeter derrière lui, les parties schisteuses de la veine ; sous ces rapports aussi l'avantage est encore en faveur des gradins.

Les terres provenant du coupage et de l'entretien de la voie ne suffisent guère que pour remblayer la partie inférieure des tailles droites ; ce remblai est assis sur des bouts de perches posés sur les bois de tailles ; les vides qu'on doit y laisser sont très nuisibles.

Dans les gradins, une partie des bois de taille, surtout ceux dits *de troussage*, qui soutiennent le dessous de chaque *maintenage*, sont toujours repris en grande partie au fur et à mesure de l'avancement. Cependant, la consommation générale de bois, y est presque aussi considérable que dans les tailles droites à cause des cheminées qui nécessitent un étançonnage serré et très solide.

L'ouvrier avance moins en tailles droites qu'en gradins, parce que, outre que son travail y est plus irrégulier, il lui faut plus de temps pour placer ses terres et pour boiser. Ainsi, si une taille de 15 mètres de hauteur, placée dans des conditions telles que son avancement journalier soit de $1^m,20$, est partagée en 6 gradins de $2^m,50$, l'avancement sera porté de $1^m,80$ à 2 mètres ; cette augmentation amène une diminution de fr. 0,10, sur le prix du mètre carré d'abatage. Dans le premier cas, l'ouvrier ne découvre dans sa journée que $3^{m2},60$ de surface ; il arrive à $4^{m2},50$ dans le second.

Le produit des tailles droites est, en outre, de qualité moindre que celui des gradins ; il est moins propre à cause de la plus grande difficulté qu'offre le triage ; la proportion du menu y est plus forte parce que les gros morceaux se brisent facilement en tombant d'une grande hauteur, et par suite aussi de ce que l'on ne peut atteindre chaque jour, vu le faible avancement de la taille, des parties de veine parfaitement intactes, c'est-à-dire n'ayant pas subi l'espèce de broiement qu'occasionne la pression du terrain dans le voisinage du front de taille.

Il est vrai que dans les gradins le charbon pourrait facilement se salir en glissant sur le remblai ; mais par l'interposition d'un plancher incliné vers la cheminée, on évite cet inconvénient.

L'avancement relativement plus fort des gradins permet d'atteindre chaque jour des parties qui n'ont pas subi la pression des terrains et qui fournissent conséquemment une moindre quantité de menu; il est vrai que l'emploi des cheminées est aussi une cause de bris; en outre, la position isolée de chaque ouvrier, nécessite une plus grande surveillance pour s'assurer que, dans le but de terminer plus tôt son travail, il ne laisse pas de charbon dans les remblais ou ne jette pas dans les cheminées, lorsqu'il en est très rapproché, les terres provenant du havage.

Les inconvénients des gradins peuvent être, jusqu'à un certain point, évités par une bonne surveillance; on ne parviendra pas aussi facilement à remédier à ceux que présentent les tailles droites.

Les dépenses d'ouverture des galeries sont à peu près les mêmes dans l'un et l'autre système; si les tailles droites exigent un plus grand nombre de voies, les gradins nécessitent l'établissement de cheminées et de voies intermédiaires; l'avancement plus grand obtenu avec ces derniers fera bien diminuer le prix de revient du mètre courant de coupage de voies, mais il y faudra un bien plus grand nombre de releveurs terre que dans les tailles, où l'on cherche toujours à avoir une disposition telle que les produits de l'ouverture des galeries puissent se placer à la partie inférieure de la taille.

C'est dans l'entretien des galeries surtout, que se signale tout l'avantage des gradins sur les tailles droites. Il y a dans le premier système, un moins grand nombre de voies qu'il faut, en outre, entretenir moins longtemps, puisque l'exploitation marche plus rapidement, le remblai étant plus serré, ces voies se soutiennent mieux : les vides que l'insuffisance des terres fait laisser derrière les tailles droites exercent indirectement, par les mouvements de terrain qui en sont la conséquence, un effet désastreux sur le boisage des galeries, et d'autant plus désastreux que le remplacement des bois de soutenement présente souvent de grandes difficultés, car il n'est pas rare de voir la rupture de ces bois accompagnée d'éboulements dans la voie, qui arrêtent parfois la marche de l'exploitation par suite de la descente en masse des remblais, toujours imparfaitement soutenus par les bouts de perches, placés sur les bois de taille qui se brisent et se consomment très vite.

En outre, le manque de terres empêche aussi de remplir convenablement les parties des voies intermédiaires que l'on abandonne lors de l'avancement des plans inclinés ou cheminées, qui les relient à la voie inférieure; en s'éboulant, ces parties occasionnent de graves détériorations de la voie supérieure d'aérage, où il se produit souvent par la descente des remblais, de grands vides appelés par les ouvriers *fonderis* ou *fondures*. Ces accidents auxquels on est sujet empêchent un développement de travaux égal à celui auquel on arrive par l'emploi des gradins. Dans ceux-ci, les remblais étant plus compacts s'opposent davantage au mouvement des terrains, et même, le mouvement produit a pour conséquence favorable de serrer fortement les terres, et de les maintenir de telle sorte qu'en cas de chute d'un des bois de soutenement, l'éboulement est nul ou peu important. Les cheminées étant, en général, remplies complétement de terres après leur abandon, la voie d'aérage se ressent peu de ce que les voies intermédiaires ne seraient pas convenablement remblayées. Les muraillements dits *machelles*, établis pour le maintien des cheminées, et auxquels on apporte toujours beaucoup de soins, sont assez résistants pour ne céder que très peu sous la pression du terrain.

Les voies, toujours assez longues, qui existent entre les tailles droites successives, nécessitent un entretien tout particulier, parce qu'elles doivent être parcourues par le courant d'air, et cependant la stabilité de ces voies est à chaque instant compromise parce qu'à mesure qu'avance la taille supérieure on provoque un affaissement du terrain, une pression à laquelle le boisage peut difficilement résister; celui-ci est exposé à une détérioration continuelle.

Le transport des charbons est, dans le système par tailles droites, plus coûteux que dans celui par gradins renversés, surtout dans le cas où le massif n'est partagé que par une seule voie de *recoupage*; ce transport s'effectuant, dans le premier cas, sur toutes les voies, le personnel qui y est occupé est plus nombreux que dans le second, où les cheminées suffiront pour amener le produit sur la voie principale.

Quant à l'aérage, question d'une très grande importance dans les allures en dressant, qui donnent lieu, généralement, peut-on dire, à un fort dégagement de gaz inflammable, il s'établit d'une manière plus complète par l'emploi des gradins renversés, surtout lorsque ceux-ci ne reçoivent pas une trop grande hauteur; le courant d'air a plus d'activité et circule librement le long des maintenages, sans éprouver des détours importants; le reproche que l'on pourrait faire, de l'amas de gaz à la partie supérieure des maintenages, ne peut être fondé que dans le cas où ceux-ci reçoivent une trop grande hauteur; car l'activité que l'on peut imprimer au courant permet difficilement cette accumulation. Dans les tailles droites, la présence des planchers sur lesquels sont établis les ouvriers ne permet pas à l'air de lécher le front de travail, mais le fait glisser le long des remblais; l'activité du courant est diminuée par les coudes qui existent entre les tailles successives, par la longue distance qui sépare celles-ci, ainsi que par les pertes plus considérables que l'on éprouve par suite de remblais moins serrés; l'affaissement plus prononcé des terrains donne, en outre, lieu à un plus grand dégagement de gaz.

Le cas particulier que j'ai cité, dans lequel on donne à la taille une position inclinée en poussant la partie supérieure de manière à présenter une largeur de 15 mètres, lorsque la hauteur verticale est de 12 mètres, permet aux charbons de glisser sur la veine, et annule, en grande partie, la production de menu, résultant de la chute des charbons de la partie supérieure sur la voie.

En résumé, le système d'exploitation par tailles droites présente, comparativement à celui par gradins renversés, les désavantages d'une plus grande somme de dépenses en main-d'œuvre, dans la plupart des catégories de travail, alors même que la production est moindre en quantité d'abord et en valeur ensuite, par un rendement plus faible en grosse houille et gailletteries; aussi ce système est-il presque généralement abandonné, et à Charleroy même où il est le plus employé, on le remplace dans quelques charbonnages par les gradins renversés.

§ 2.

Il me reste maintenant à comparer les différentes dispositions des gradins renversés, et notamment : 1.º les hauteurs données aux maintenages ; 2.º les modes de division du massif à enlever, et conséquemment les moyens d'amener les charbons de la partie supérieure sur la voie principale de roulage.

Nous avons vu dans la description des systèmes que la hauteur des maintenages, déterminée en partie par la puissance de la veine et par la nature du terrain, variait de 2 mètres à 2^m,50 et atteignait parfois 5 mètres au Couchant de Mons, et était portée de 3 mètres à 3^m,50 dans la province de Liége ; je dois dire que cette hauteur influe sur les différentes catégories de travail de la même manière que la largeur des tailles dans l'exploitation des platteurs.

L'avancement moindre de l'ouvrier à veine appliqué à un grand maintenage n'est pas compensé par l'augmentation de hauteur de celui-ci, de sorte qu'il y a moins de surface découverte, d'où le prix plus élevé du mètre carré d'abatage ; en effet, le travail est plus difficile, à conditions égales sous les autres rapports, dans un maintenage de 5 mètres et 3^m,50 que dans un autre de 2 mètres seulement de hauteur, car l'ouvrier doit avoir, dans le premier cas, un boisage plus soigné et plus solide ; en outre, pour atteindre la partie supérieure du gradin, il est obligé de faire successivement deux *planchages*, tandis que dans le cas d'une moindre hauteur, un seul planchage lui suffit. Ce travail supplémentaire l'empêche d'appliquer tout son temps à l'abatage, et amène cette augmentation du prix du mètre carré dont je viens de parler et que le tableau suivant mettra en évidence si, comme je le crois, les données qui y entrent peuvent être admises.

N.^{os} d'Ordre.	Hauteur des Maintenages.		Avancement journalier.		NOMBRE de mètres carrés.		PRIX de la journée d'Ouvrier.		Coût d'un mètre carré d'abatage.		OBSERVATIONS.
	M.	C.	M.	C.	M.	C.	FR.	C.	FR.	C.	
1	2	00	2	50	5	00	5	50	0	70	Je ferai observer encore qu'à Liége l'emploi de maintenages d'une grande hauteur nécessite des ouvriers boiseurs qui augmentent encore le prix indiqué ci-contre.
2	2	50	2	00	5	00	»	»	0	70	
3	5	00	1	30	3	90	»	»	0	89	
4	5	50	1	10	5	80	»	»	0	92	

Les grands gradins exercent une influence analogue sur les frais d'ouverture des galeries : les dépenses, en ce cas, augmentent même dans une proportion plus forte ; je rechercherai quel est, dans les conditions indiquées au tableau qui précède, le prix de revient du mètre courant de la voie inférieure, en supposant que les terres de cette voie sont portées jusqu'à 15 ou 16 mètres de hauteur dans la tranche en exploitation au moyen de mannes. Si le nombre de mineurs est moindre pour les cas de grands *maintenages* que pour ceux des petits, celui des *releveurs* de terres est plus grand, ce qui se comprend facilement puisque la distance ou *bourre* de 4 ou 5 mètres existant entre chaque gradin restant la même dans tous les cas, l'ouvrier placé à la partie inférieure d'un grand gradin ne pourrait passer les mannes de terres à un ouvrier qui se trouverait à la partie supérieure de ce gradin. Le chiffre de 6 *releveurs* de terres que j'indique dans le tableau suivant sera même souvent trop peu élevé.

N.os d'Ordre.	Hauteur des Maintenages.	Avancement journalier.	OUVRIERS NÉCESSAIRES.				TOTAL des dépenses.	PRIX du mètre courant de voie.	OBSERVATIONS.
			Mineurs.	Prix.	Releveurs.	Prix.			
	M. C.	M. C.		FR. C.		FR. C.	FR. C.	FR. C.	
1	2 00	2 50	2	3 50	4	1 80	14 20	5 68	
2	2 50	2 00	2	» »	4	1 80	14 20	7 10	
3	3 00	1 50	1	» »	6	1 50	12 50	9 61	
4	3 50	1 10	1	» »	6	1 50	12 50	11 56	

Je ferai observer encore qu'outre les résultats si différents obtenus et indiqués dans le tableau ci-dessus, la quantité de terres nécessaires au remblai des maintenages augmente lorsque s'accroit la hauteur de ceux-ci; si l'on veut donc exécuter ce remblai convenablement, il faut se procurer des terres, ce qui n'a lieu qu'à grands frais. Il faut alors établir des fausses voies dans le milieu des remblais ou rapprocher les cheminées et en tenir un plus grand nombre en activité; dans l'un et l'autre cas, ces travaux supplémentaires occasionnent des dépenses considérables en main-d'œuvre et en consommation de bois, qui viennent s'ajouter aux chiffres indiqués ci-dessus et élèvent le prix de revient, à l'hecto-litre, en frais directs d'extraction.

La grande hauteur des maintenages influe de diverses manières sur l'entretien des voies; elle en augmente d'abord la durée, puisque l'avancement journalier est moindre; les fausses voies ou le plus grand nombre de cheminées qu'on est obligé de laisser dans les remblais, facilitent le mouvement de terrain qui tend à se produire après l'enlèvement du charbon, mouvement qui se fait sentir sur les voies de roulage, lesquelles se resserrent et s'affaissent peu de temps après leur établissement; ce mouvement des terrains est aussi facilité par la plus grande distance qui existe entre la veine et les remblais.

L'aérage des gradins d'une hauteur de 5 mètres et 5^m,50 présente plus d'irrégularités que si ceux-ci n'avaient que 2 mètres et 2^m,50. D'abord les fausses voies et le plus grand nombre de cheminées établies, sont autant de causes de perte d'air et d'amas de gaz dans les parties en arrière de l'exploitation. En outre, la distance entre la veine et les terres, plus grande dans le premier cas, occasionne une moindre activité du courant, et il arrive encore souvent, lorsque le dégagement de gaz est important, que celui-ci s'amasse à la partie supérieure du maintenage et augmente les difficultés de l'abatage.

La hauteur des maintenages exerce une influence bien plus grande encore sur la production, dont elle diminue la valeur et la quantité; nous avons vu que le travail utile de chaque ouvrier était moindre dans les maintenages de 3 mètres et 3ᵐ,50 que dans ceux de 2 mètres et 2ᵐ,50, ce qui a donc pour conséquence directe un chiffre moins élevé de production ; j'estime même que la production d'un maintenage de 3ᵐ,50 est de 24 p. °/₀ inférieure à celle d'un maintenage de 2 mètres, et encore ne tiens-je pas compte du menu charbon que l'on est parfois obligé de laisser dans les remblais si le manque de terres se fait trop sentir.

D'un autre côté, la chute des charbons d'une hauteur plus grande amène la casse des gros morceaux, ce qui, joint aux circonstances suivantes, amène une proportion de menu plus forte et diminue le prix de vente par un moindre rendement de grosse houille et gailletteries.

L'avancement journalier assez considérable fait dans les maintenages de 2 mètres et 2ᵐ,50, permet à l'ouvrier de porter l'arrachement en dehors de la sphère d'activité de la pression qu'exercent sur la veine les terrains encaissants; cette circonstance favorise, comme dans le travail des platteurs, la production d'une plus grande quantité de grosse houille. Ajoutons que l'avancement réduit des maintenages de 3 mètres et 3ᵐ,50 accroît la durée des cheminées; le charbon, en y séjournant plus longtemps, subit la pression des terrains et s'y broie en quelque sorte; la longue durée des cheminées amène, en outre, dans les veines de peu de puissance surtout, des *ancrages* ou *bouchements* qui nécessitent alors, pour les remettre en activité, un travail dangereux et dispendieux, qui brise toujours ces charbons, par la grande hauteur d'où ils sont, la plupart du temps, précipités.

En résumé, l'on voit que plus la hauteur des gradins augmente, plus l'exploitation est désavantageuse; on se rapproche alors du système par tailles droites et l'on subit même, parfois, des inconvénients plus grands que ceux qui sont inhérents à ce système.

On objectera peut-être que l'emploi des maintenages nécessite un travail assez difficile et pénible, pour faire le *coupage à couronne;* c'est-à-dire pour couper la partie supérieure du maintenage à angle droit le long du massif supérieur, ce travail dont le produit est de moindre qualité puisqu'il s'y trouve plus de menue houille, se répétant un plus grand nombre de fois dans les petits maintenages, rendrait donc ceux-ci doublement désavantageux ; mais ce reproche est peu fondé et les conséquences auxquelles on arrive ne peuvent être prises en grande considération, et en effet, il suffit, pour obvier à ces inconvénients, de permettre à l'ouvrier de profiter, lorsqu'il y aura lieu, des cassures pour faire le *coupage à couronne ;* les saillies et cavités qui se produiront de cette manière seront sans influence pour le maintenage suivant, où la même chose aura lieu ; il y aura compensation de l'un à l'autre, et leur hauteur sera toujours à peu près invariable.

Les autres particularités qui se rencontrent encore dans les diverses manières d'appliquer les gradins renversés, ne consistent que dans les moyens d'amener les charbons de la partie supérieure du massif à enlever, jusque sur la voie principale de roulage ; comme nous l'avons vu dans la première partie de ce mémoire, le massif est partagé tantôt en 2 tranches, tantôt en 3, 4 ou 5 suivant sa hauteur, par des voies qui servent au transport des charbons et qui sont reliées à la voie inférieure par des plans inclinés ; d'autres fois aussi, les cheminées se continuent directement, jusque sur la voie inférieure, qui sert seule au transport. Le choix entre ces dispositions, qui dépendent aussi de la nature des terrains encaissants, n'est pas d'une importance capitale ; elles influent cependant sur l'ouverture et l'entretien des galeries et un peu sur le transport. En effet, les voies de roulage et les plans inclinés existant dans les remblais amènent des dépenses plus grandes d'établissement, et surtout d'entretien. Il est vrai qu'une voie de *recoupage* et des *fausses voies* sont presque toujours nécessaires lors même que des cheminées arrivent directement sur la voie de roulage inférieure ; la première est même parfois pour laisser une issue aux ouvriers en cas d'accident qui surviendrait dans l'exploitation du massif ; elle conduit alors à une cheminée convenablement disposée après son abandon, et garnie d'échelles, de sorte que des communications faciles sont ainsi établies entre la voie supérieure et la voie inférieure. Cette même voie de recoupage, que l'on doit entretenir en bon état, est encore avantageuse dans le cas où les cheminées viennent à s'obstruer ; elle facilite alors le travail appelé *déancrage des cheminées*, travail toujours pénible et dangereux, et qui deviendrait quelquefois impossible si l'on ne s'était ménagé ce moyen de l'effectuer. Quant aux fausses voies, leur présence n'est nécessitée que lorsqu'il y a manque de terres dans le milieu de la tranche ; elles n'exigent aucun entretien.

L'emploi de voies intermédiaires servant au transport, procure l'avantage de diminuer beaucoup les cas d'obstruction de cheminées ; mais ce mode occasionne de plus grands frais d'entretien et l'établissement coûteux de plans inclinés au milieu des remblais, plans qu'il faut cependant avancer vers les fronts de taille lorsque les voies intermédiaires acquièrent une longueur trop considérable ; ce mode ne peut donc être adopté que lorsque l'on a un mur et un toit très solides ; il rend d'ailleurs le transport plus coûteux que lorsqu'il s'effectue par cheminées arrivant directement sur la voie inférieure ; car, en supposant même le nombre de *traîneurs* proprement dits, égal dans les deux cas pour une même extraction, le premier offre toujours ce désavantage qu'il nécessite un personnel supplémentaire pour le service des plans inclinés.

En résumé, on voit clairement que l'emploi des plans automoteurs avec voies intermédiaires de roulage est désavantageux dans le cas même de bons terrains au toit et au mur, car il entraîne des dépenses plus élevées pour l'ouverture, l'entretien des galeries, et il rend le transport plus coûteux.

Le mode d'exploitation par gradins renversés, décrit au chapitre III, § 5, employé dans certain charbonnage du bassin de Charleroy, présente quelques avantages que je signalerai brièvement. Les maintenages ne reçoivent que 2 mètres de hauteur dans des veines de $0^m,50$ à $0^m,90$ de puissance, ce qui amène de forts avancements journaliers ; des fausses voies sont parfois construites dans les remblais, mais on cherche à les supprimer autant que possible ; on abat des terres entre les cheminées pour se procurer des pierres avec lesquelles on monte les *machelles* ou murs qui, sous l'action de la pression du toit, acquièrent une grande solidité et permettent de ne boiser que très faiblement les cheminées tout en garantissant suffisamment celles-ci contre toute chance d'éboulement.

Pour arriver à une production assez élevée, on a employé avec avantage le système de deux tranches superposées de 50 mètres de hauteur chacune, activées dans le même temps ; la tranche inférieure était poussée de 20 à 30 mètres en avant de la tranche supérieure.

Il est facile de comprendre les avantages d'une telle disposition, qui permettait de diminuer les frais d'ouverture et d'entretien des galeries ; de plus, le travail toujours dispendieux et difficile de la partie en face de la voie inférieure, dit *coupure*, est nul dans la tranche supérieure.

Dans les considérations générales, chapitre 7, sur l'exploitation des platteurs, j'ai été amené à parler de l'effet du *remenage* des terres ou de leur extraction au jour, ainsi que de la durée des exploitations par rapport à des avancements journaliers plus grands ; ces observations peuvent s'appliquer également à l'exploitation des dressants ; je me dispenserai donc de revenir sur ce sujet, me bornant seulement à dire que le *remenage* de terres dans le bassin de Liége, doit entraîner à des frais considérables, ces terres étant souvent élevées dans le milieu de la tranche au moyen de treuils par des *chaufours* restés libres ; cette condition doit certes influer désavantageusement sur le prix de revient, et peut être presqu'entièrement attribuée à la hauteur souvent trop élevée des maintenages.

CHAPITRE IX.

§ 1. — Du transport intérieur.

Dans la comparaison des divers systèmes d'exploitation, j'ai parlé plusieurs fois de la corrélation qui existe, jusqu'à un certain point, entre ces systèmes et le mode de transport intérieur. Je considère cette question du transport comme étrangère à mon sujet, et je me propose, comme je l'ai dit, d'en faire l'objet d'un travail spécial ; cependant, je ne puis me dispenser de dire ici quelques mots de l'emploi des grands ou des petits chariots, parce que je crois que les dimensions de ces vases sont en partie déterminées par le système d'exploitation adopté ; les considérations dans lesquelles j'entrerai à ce sujet viendront du reste à l'appui de mes conclusions par lesquelles je terminerai ce chapitre qui sera aussi le dernier de mon mémoire.

L'emploi des grands wagons de 7 hectolitres a lieu principalement dans les mines de Liége et de Charleroy, tandis que dans celles du Borinage, l'on se sert exclusivement de petits chariots de 4 hectolitres, ce qui confirme ce que j'ai dit précédemment que le mode de transport est en quelque sorte dépendant du système d'exploitation employé. En effet, ces grands wagons ne seraient pas favorables, et je dirai plus, seraient impossibles, dans le système d'exploitation par tailles montantes, même avec la circonstance d'une faible inclinaison, car leur remonte nécessiterait, dans ce dernier cas, un personnel assez nombreux et conséquemment des frais élevés. Si l'inclinaison est plus forte et si chaque taille est desservie par un plan incliné, la voie doit recevoir une section très grande, ce qui amène des dépenses considérables d'ouverture des galeries ; cette circonstance influe même défavorablement aussi sur le travail à la veine, puisque l'on doit alors donner une plus grande largeur aux tailles pour pouvoir y remettre toutes les terres. D'un autre côté, le poids élevé à descendre nécessite une poulie-frein assez forte et bien établie qui ne peut se relever continuellement à mesure de l'avancement de la taille et se trouve toujours ainsi à une assez grande distance en arrière ; pour amener le charbon au lieu de chargement, il faut un *boutage* supplémentaire qui exige l'emploi d'un ouvrier de plus, augmente la proportion de menu et détermine conséquemment une diminution du prix de vente. L'emploi des grands wagons est donc complétement incompatible avec le système d'exploitation par tailles montantes de peu de largeur, puisqu'il augmenterait en général tous les frais d'extraction, et diminuerait la valeur des produits.

Ce n'est que dans le cas des tailles de chassage que l'on peut faire usage de ces grands vases de transport ; la traction est plus facile sur des voies de niveau ; en outre, lorsque la veine est puissante et que les terrains du toit sont assez consistants, la plupart des inconvénients que nous avons signalés ci-dessus disparaissent. Cependant la voie doit recevoir une section plus grande que dans le cas de petits chariots ; l'entretien des galeries est, par suite, plus coûteux, car il faut maintenir cette section dans ses dimensions primitives, et en effet, après l'affaissement des terrains, qui diminue toujours la hauteur et la largeur de la voie, le petit chariot peut encore passer, tandis que l'on doit déjà *reprendre une brèche* pour faciliter le passage des grands wagons.

Nous voyons donc que l'emploi de grands wagons exige, pour ne pas être complétement désavantageux, des veines assez puissantes ayant bon toit et bon mur ; j'ajouterai encore qu'il ne peut s'appliquer qu'à une faible extraction, ainsi que nous le verrons plus bas, à moins cependant que la mise à découvert de plusieurs veines par le même bouveau ne permette d'élever la production en établissant simultanément l'exploitation dans chacune des veines.

Ces conclusions favorables supposées exister, calculons séparément les dépenses de transport seulement, par grands wagons ou par petits chariots, pour en déduire, afin de les comparer, le prix de revient de l'hectolitre transporté à 100 mètres.

Soit donc une taille de chassage de 16 mètres de largeur dans une veine de 1 mètre de puissance, recevant un avancement journalier de 1ᵐ,20 et produisant environ 251 hectolitres, soit 55 grands wagons de 7 hectolitres ou 58 chariots de 4 hectolitres.

Dans les cas des grands wagons, deux hiercheurs à fr. 2,25 seront nécessaires pour charger ces wagons et les pousser à une longueur de 100 mètres; dans le parcours ordinaire, deux hiercheurs moyens à fr. 1,80 pousseront les wagons à 250 mètres de longueur; le transport de 251 hectolitres coûtera donc fr. 8,10 pour un parcours de 350 mètres; ce qui donne pour résultat final fr. 0,0100 par *hectolitre 100 mètres*, y compris le chargement à la taille. Pour transporter cette même quantité d'hectolitres à la même distance de 350 mètres, au moyen de petits chariots, il faudra un chargeur spécial à la taille à fr. 2,50 et trois traîneurs à fr. 2,00, ce qui fera une dépense totale de fr. 8,50 ou fr. 0,0105 par *hectolitre 100 mètres*.

La différence, quoique bien faible, semble donc être en faveur des grands wagons et paraîtrait confirmer l'opinion que l'emploi peut en être avantageux; mais il faut bien remarquer que cette différence n'existe que parceque l'on suppose, dans les deux cas, une même quantité de houille produite par le personnel occupé à l'abatage; en réalité, cette différence s'annule tout-à-fait, si l'on tient compte de l'influence de l'emploi des petits wagons, sur toutes les catégories de travail. En effet, quoique l'effet utile produit par les traîneaux, dans l'un et l'autre cas, soit le même à peu de chose près, le parcours total, à vide et à charge, présente une différence en faveur de l'emploi de petits chariots; il en résulte donc que ceux-ci impriment une plus grande activité au *trait*, les charbons s'enlèvent plus rapidement des tailles qui ne restent jamais encombrées, ce qui permet de mieux en opérer le triage et de fournir un produit plus propre. En outre, l'ouvrier à la veine n'étant jamais gêné par le charbon abattu, peut faire un plus grand avancement et le surplus, quelque faible qu'il soit, réagit naturellement sur le prix du mètre carré d'abatage, sur les dépenses d'ouverture et d'entretien des galeries, et même sur tous les frais d'extraction en général, puisqu'ils se répartissent sur un plus fort chiffre d'extraction. Aussi la différence de fr. 0,0005 à l'hectolitre, qui a été renseignée ci-dessus en faveur des grands wagons devient-elle tout-à-fait nulle et même les avantages du transport restent en faveur des petits chariots, car l'augmentation de la production qui résulte de leur emploi ne nécessite pas un plus grand nombre de traîneurs.

Dans l'exploitation des dressants par gradins, l'enlèvement des charbons par grands wagons laisse beaucoup à désirer; en effet, dans ce système d'exploitation surtout, il est nécessaire que le charbon soit enlevé à mesure que s'en fait l'abatage; l'ouvrier n'ayant guère de place, lorsque la cheminée est pleine, voit bientôt encombré tout l'espace dont il peut disposer et cet encombrement, outre qu'il amène une interruption du travail d'abatage, occasionne aussi une plus grande malpropreté des charbons par suite de leur dépôt sur les remblais; aussi l'emploi des grands wagons nécessite en quelque sorte, de donner plus de hauteur aux gradins et même d'en activer un moins grand nombre que dans le cas de l'emploi des petits chariots. D'un autre côté, l'on est obligé, pour livrer passage aux grands wagons, d'ouvrir les voies de roulage sur une plus grande hauteur, condition qui réduit la place pour remettre les terres alors que la quantité en est augmentée; il résulte donc de là que l'on doit transporter ces terres sur d'autres points de l'exploitation ou les extraire au jour. Les trémies de chargement doivent être aussi plus élevées, ce qui gêne beaucoup le travail du chargeur et produit une casse plus grande des charbons qui tombent de plus haut.

En résumé, les grands vases de transport ne peuvent être utilisés que pour des extractions réduites, car ils s'opposent directement au développement des travaux, tandis que les petits chariots favorisent ce développement et permettent d'atteindre le chiffre élevé d'extraction auquel sont parvenus dans ces dernières années quelques charbonnages du pays. Favorisé par ce dernier mode de transport, l'on a pu porter l'exploitation d'une manière fructueuse dans des veines de peu de puissance, et l'on a pu résoudre complétement et avantageusement une question importante dans l'exploitation des mines, celle de réduire le nombre de puits précédemment nécessaire pour un chiffre donné d'extraction.

§ 2. — De la division des champs d'exploitation.

Jetons en terminant un coup d'œil sur la question de la division des champs d'exploitation ou de la disposition générale des travaux.

La hauteur que l'on donne aux champs d'exploitation varie non seulement d'un système à l'autre, mais encore dans le même système par suite de circonstances particulières, telles que la nature et l'allure des couches, la position du puits, le développement à donner aux travaux, etc.

Généralement, les divers étages d'exploitation d'une veine nécessitent des travaux préparatoires longs et dispendieux ; c'est pourquoi l'on doit chercher à leur donner une grande hauteur, mais on est souvent limité à cet égard par des circonstances dont on doit tenir compte et qui s'opposeraient à l'enlèvement du massif sur toute sa hauteur, condition nécessaire pour retirer de l'exploitation tout l'avantage possible ; cependant on pourra augmenter la hauteur de l'étage en s'assujettissant à enlever le champ d'exploitation en deux fois, c'est-à-dire en n'enlevant la partie inférieure qu'après l'épuisement de la partie supérieure ; ce mode serait applicable par exemple, à de grandes platteurs assez régulières accessibles seulement par de longs bouveaux. Un plan incliné doit alors ramener au niveau de la chambre d'accrochage, toute la production de la partie supérieure. J'observerai toutefois que cette disposition nécessite un bon terrain, car la construction d'un plan incliné à double voie, qui doit avoir une très longue durée et qui entrave toujours plus ou moins l'extraction dans sa marche, pourrait entraîner à des frais d'entretien élevés équivalents à ceux qu'aurait nécessité le percement d'un bouveau de plus.

Les grandes tranches d'exploitation sont avantageuses au couchant de Mons, où le système par tailles montantes permet de donner un grand développement aux travaux et d'en réduire conséquemment la durée. Le système d'exploitation employé influe donc sur le mode d'aménagement de la mine et réciproquement ; il est clair que l'emploi des tailles de chassage, comme à Charleroy et à Liége, ne permettra pas l'enlèvement de massifs d'une aussi grande hauteur que ceux que permettent les tailles montantes au Borinage, surtout lorsque ces derniers sont subdivisés en plusieurs tranches par des costresses, comme je l'ai indiqué dans la première partie de mon travail.

La diminution de la hauteur du massif, qu'entraîne l'emploi des tailles de chassage, augmente considérablement les dépenses en travaux préparatoires et exige pour l'exécution de ceux-ci des soins tout particuliers afin d'avoir constamment du charbon à découvert, surtout dans le cas ou, soit par suite de la position du puits, ou par suite du nombre restreint de couches, une longue durée n'est pas assurée aux exploitations à faire par le même étage. Il n'y a pas de doute que les conditions générales les plus favorables à une exploitation, sont de pouvoir l'établir dans un champ d'une grande hauteur, et de concentrer les travaux sur le même point, en les faisant avancer rapidement ; ces conditions que l'on réalise plus ou moins facilement suivant le système d'exploitation que l'on a adopté, doivent cependant parfois être modifiées ; l'allure des veines, les changements plus ou moins brusques qu'elle éprouve et les accidents de terrains à rencontrer, doivent certainement être pris en considération pour fixer la hauteur du champ d'exploitation, un fort dégagement de gaz inflammable qui nécessite la division du courant d'air et s'opposent complétement à la concentration des travaux.

On voit donc que la hauteur des champs d'exploitation ne peut être déterminée arbitrairement ni basée sur une règle quelconque, trop de causes la faisant varier d'une mine à l'autre. Pour l'assigner, un exploitant doit tenir compte de la position du puits, de la richesse du bassin, de l'allure des veines, de leur puissance, de leur nature et de celle des terrains encaissants, de la durée des exploitations à faire pour un même étage, du développement à donner aux travaux d'extraction et du plus ou moins de dégagement de gaz inflammable.

La question d'exhaure joue quelquefois aussi un rôle important dans la division des massifs à exploiter, car il arrive souvent dans certaines mines, qu'avant de pouvoir porter l'exploitation dans une nouvelle partie de veine, l'on doit commencer à y établir l'exhaure, c'est-à-dire à mettre cette partie en communication directe avec les machines d'épuisement; mais je crois que ce serait sortir de mon sujet si j'y faisais entrer l'examen de cette question.

§ 3.

Les considérations dans lesquelles je suis entré dans cette seconde partie de mon mémoire montrent que, pour l'exploitation des platteurs, le système par tailles montantes de peu de hauteur employé au couchant de Mons présente de grands avantages tant sous le rapport des dépenses en salaires et en consommation de bois, que sous celui de la valeur du produit. En effet, nous avons constaté que ce système permet d'utiliser entièrement les joints du clivage; que la moindre largeur donnée aux tailles facilite le boutage, d'où moins d'entrave dans le travail à la veine, plus de besogne effectuée et conséquemment un prix de revient moindre du mètre carré de surface découverte et même du mètre courant d'ouverture des galeries; que le havage fait par entailles successives et par un plus grand nombre d'ouvriers dans chaque taille, permet de faire de plus grands avancements journaliers et de donner plus d'ordre et de régularité aux diverses opérations de l'exploitation.

La disposition par tailles montantes est avantageuse sous le rapport de l'ouverture des galeries, par suite de la facilité qu'elle offre pour la remise des terres dans les tailles et pour l'établissement convenable des remblais; elle l'est aussi sous celui de l'entretien des voies, par suite de cette compacité des remblais, de la moindre durée des voies, du rapprochement des tailles, du déplacement facile des plans inclinés et de la bonne disposition des galeries, qui les rend accessibles au remonage des terres immédiatement après leur abandon. L'entretien des voies étant moins coûteux exerce donc une influence favorable sur la dépense en main-d'œuvre et en bois.

Quant à la plus grande valeur du produit, elle est la conséquence des faits que nous venons d'indiquer : de la disposition des tailles, de la bonne division du travail d'abatage, de l'affaissement moins sensible des terrains, conditions favorables à la production de grosse houille et d'un charbon propre.

L'emploi des voies tiernes pour les couches fortement inclinées offre encore la majeure partie de ces avantages ; on peut alors établir des plans automoteurs dans ces voies, ce qui rend le transport moins coûteux.

Nous avons fait voir également que ce système permet d'arriver à un développement considérable de travaux et néanmoins concentrés sur un même point de la mine.

De la comparaison que j'ai faite des deux systèmes d'exploitation des dressants, celui par tailles droites et celui par gradins renversés, il résulte qu'on doit accorder la préférence à ce dernier, à la condition toutefois, de ne donner aux gradins qu'une hauteur de 2 mètres ou de 2^m,50 au plus.

Nous avons également examiné les divers moyens employés dans le cas d'exploitation par gradins renversés, pour amener les charbons sur la voie inférieure ; nous avons vu que les plans automoteurs présentent certains désavantages, surtout que dans ces allures, la qualité des terrains encaissants laisse souvent à désirer ; on doit donc accorder la préférence à l'emploi des cheminées établies sur toute la hauteur de la tranche, mais interrompues à la voie de recoupage du milieu.

Enfin, en présence des difficultés que présente souvent dans l'exploitation des dressants par gradins renversés, la remise des terres d'un point à l'autre du champ d'exploitation, on peut utiliser avantageusement la disposition que j'ai indiquée et consistant à enlever simultanément, lorsque les circonstances le permettent, deux tranches superposées, en tenant toujours toute la tranche inférieure en avant de la supérieure; toutes les terres provenant de celle-ci sont alors employées avantageusement et à peu de frais pour le remblai de la tranche inférieure et des cheminées abandonnées, en outre, l'on évite les dépenses toujours plus élevées pour le travail à la veine, dans la coupure ou gradin correspondant à la voie de niveau et marchant en ferme, circonstance qui se trouve annulée pour la tranche supérieure.

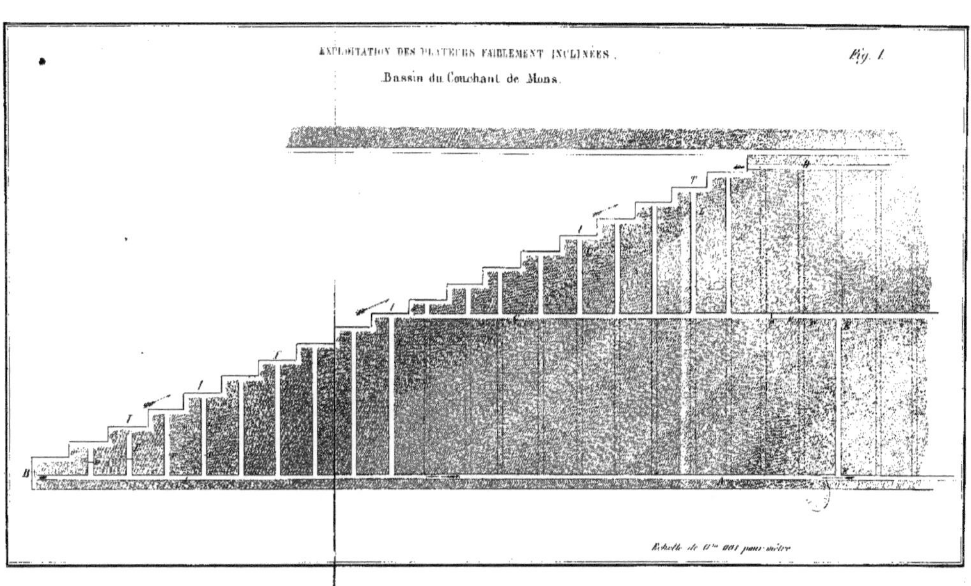

EXPLOITATION DES PLATEURS FAIBLEMENT INCLINÉES.
Bassin du Couchant de Mons.
Fig. 1
Echelle de 0^m,001 par mètre

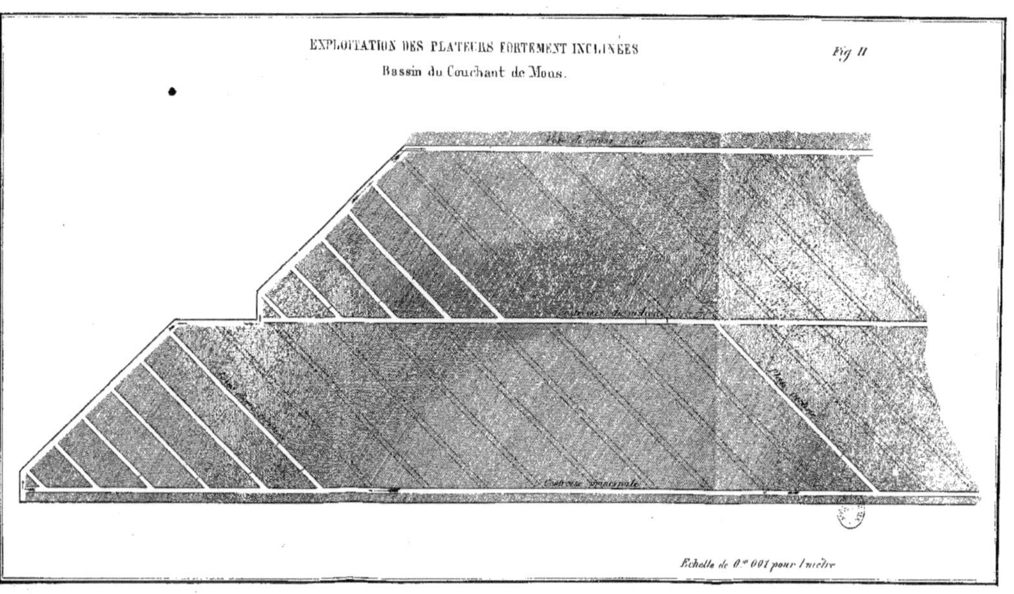

EXPLOITATION DES PLATEURS FORTEMENT INCLINÉES
Bassin du Couchant de Mons.
Fig II
Voie de roulage d'air
Galerie secondaire
Galerie principale
Echelle de 0.m 001 pour 1 mètre

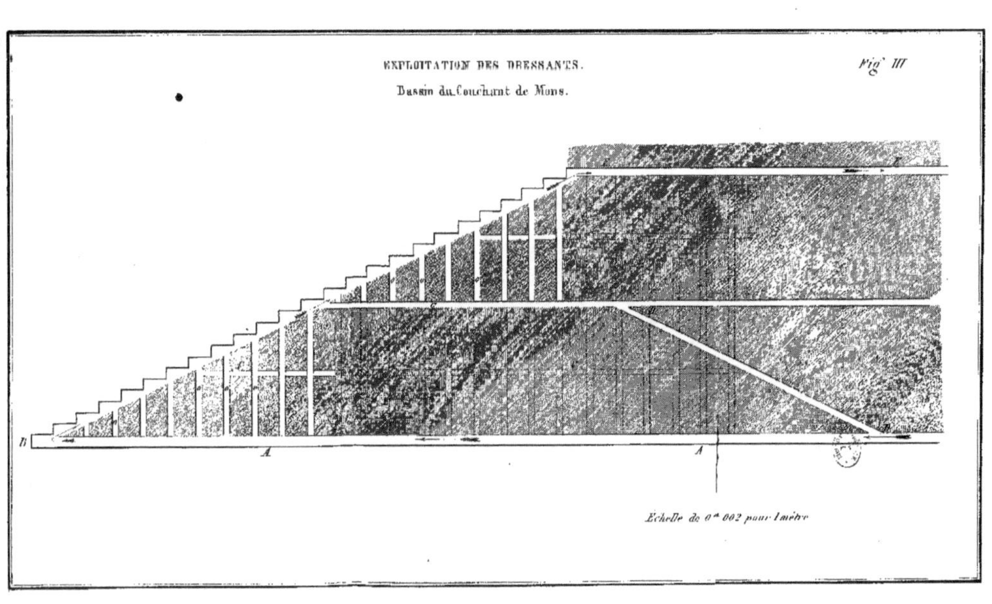

EXPLOITATION DES DRESSANTS.
Bassin du Couchant de Mons.
Fig. III
Echelle de 0^m 002 pour 1 mètre

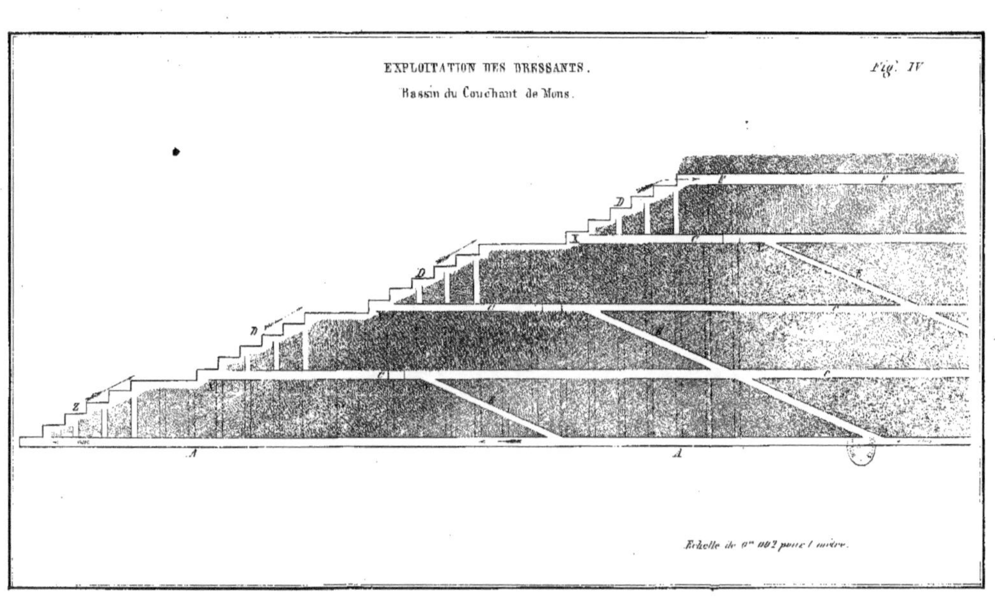

EXPLOITATION DES DRESSANTS.
Bassin du Couchant de Mons.
Fig. IV
Echelle de 0m 002 pour 1 mètre.

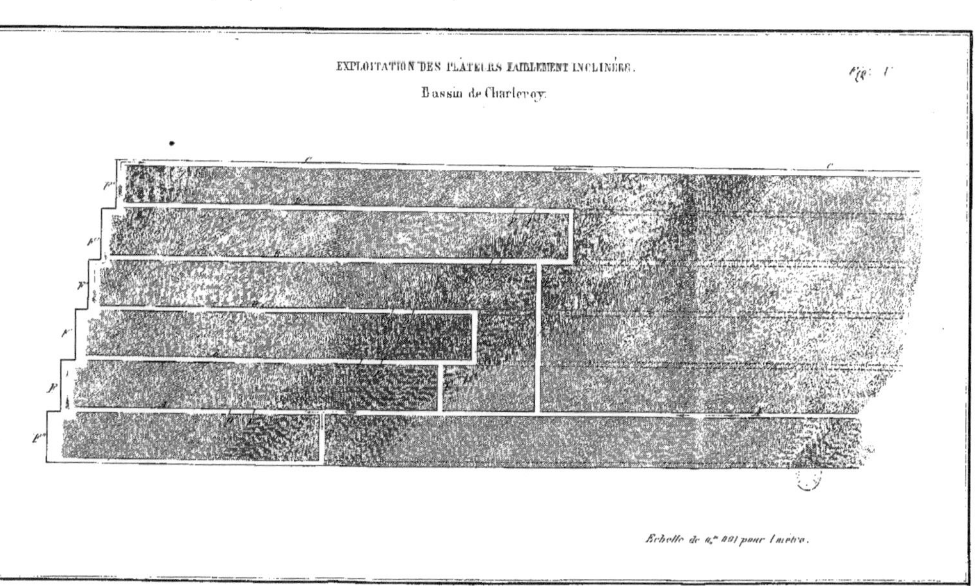

EXPLOITATION DES PLATEURS FAIBLEMENT INCLINÉES.
Bassin de Charleroy.
Fig. 1.
Echelle de 0.m 001 pour 1 mètre.

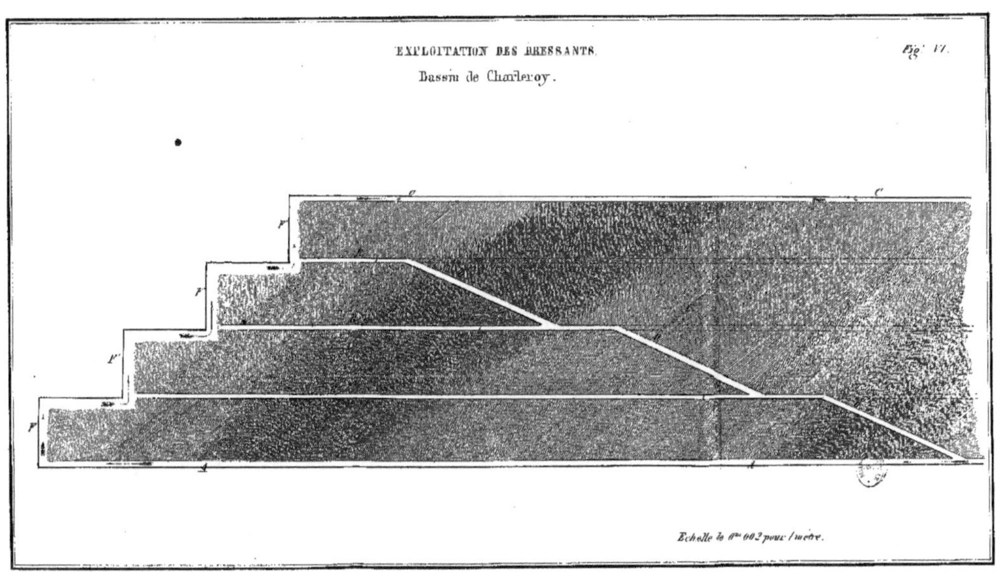

EXPLOITATION DES DRESSANTS.
Bassin de Charleroy.
Fig. 17.
Echelle de 0m.002 pour 1 metre.

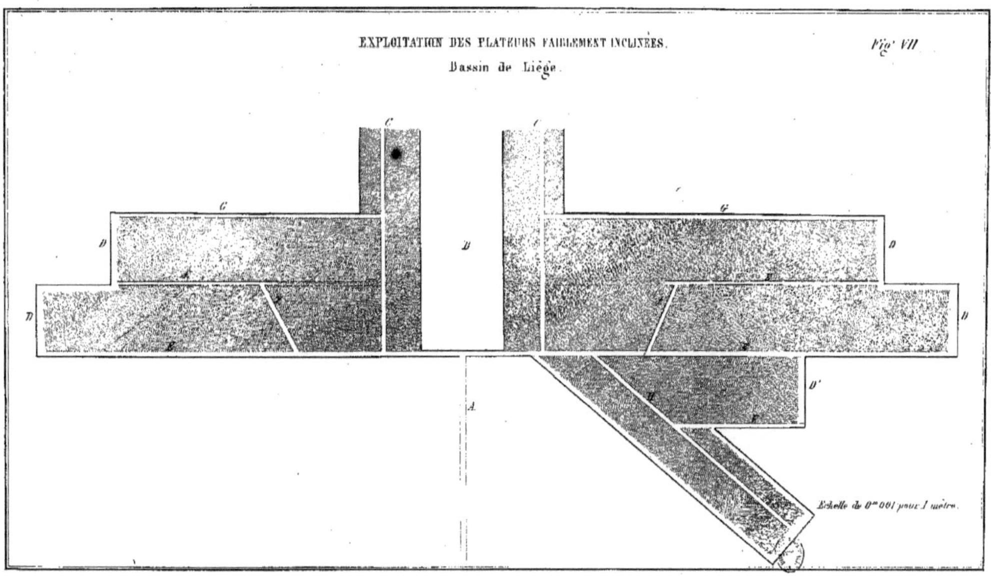

EXPLOITATION DES PLATEURS FAIBLEMENT INCLINÉES.
Bassin de Liège.
Fig. VII
Échelle de 0ᵐ.001 pour 1 mètre.